FLORÉAL

ARMAND SILVESTRE

FLORÉAL

Illustrations de
GEORGES CAIN

Préface de
JULES CLARETIE
de l'Académie française

Musique de
JULES MASSENET
Membre de l'Institut

PARIS
LIBRAIRIE CHARLES DELAGRAVE
15, RUE SOUFFLOT, 15

Tous droits réservés

A Madame Charles Delagrave

Madame,

C'est d'une causerie dans votre hospitalière maison qu'est venue l'idée de ce livre.

Il réalise magnifiquement le rêve d'amitié que nous faisions depuis longtemps, Georges Cain et moi, de voir nos deux noms l'un près de l'autre dans une même œuvre.

Nous ne saurions mieux vous exprimer notre reconnaissance qu'en vous priant d'accepter le respectueux hommage de *Floréal*.

Armand Silvestre   Georges Cain.

PRÉFACE

Floréal! Un joli nom, un titre pimpant, heureux et comme parfumé! De tous les mois du calendrier républicain, celui-ci est le plus charmant. Il contient à la fois les senteurs d'Avril et les fleurs de Mai. C'est le mois du printemps et Romme était vraiment un poète qui trouva ces noms pittoresques, tantôt doux comme une caresse de Zéphyre : Germinal, Floréal, Prairial, tantôt chauds et comme dorés par un coup de soleil ou chargés comme un ciel d'orage : Messidor, Thermidor...

Certes, avec sa science profonde et grave, le montagnard Gilbert Romme était poète et c'est un poète qu'il a inspiré dans le récit paré de ce titre clair et attirant : Floréal! Roman d'aventures, chaste histoire d'amour que tout le monde peut lire, histoire à la fois souriante et attendrissante, avec les fredons du Paris républicain et les chansons des volontaires à travers les polders de Hollande. Un alerte et émouvant tableau du Directoire, avec de doux frous-frous de soie, des blancheurs de mousseline et des éclairs de baïonnettes.

Le Directoire a toujours porté bonheur à ses peintres, peintres de la plume ou du pinceau. L'époque est pittoresque et gaie. C'est le moment où, dans son appétit de vivre, la France a gardé cependant la joie de mourir. Mais c'est, du moins, à la frontière que son sang coule ou plus loin, sur une frontière agrandie, car notre drapeau tricolore, glorieusement déchiqueté, flotte un peu partout dans un vent de victoire. La guerre alors se fait comme en chantant et les airs de marche, ou les ressouvenirs de Paris semblent s'échapper d'une tonnelle de guinguette, alternent, dans les étapes, avec la Marseillaise.

Jamais la France ne fut plus libre, jamais elle ne fut plus gaie, plus alerte dans le danger. Les Mémoires de Marbot nous ont rendu l'écho de l'épopée de la Grande Armée. Ce n'est pas une épopée, la guerre au temps du Directoire, c'est moins et c'est mieux : c'est comme un beau rêve de conquête guerrière, une sorte de roman en action où les généraux et les soldats ne doutent de rien, prennent des flottes au galop de leurs chevaux et emporteraient volontiers des redoutes au son des violons, comme lorsque la musique de Lully accompagnait l'assaut de Lérida.

Ce rayon de gloire qui dore les chapeaux roussis et les vêtements rapiécés de nos soldats, leurs « habits bleus par la Victoire usés », cette sorte de lumière d'aurore qui enveloppe les armées de la République, Paris en a le reflet. Paris respire, Paris se redresse, Paris danse, Paris s'amuse. On est loin de Sparte, on est presque à Capoue : nos troupiers seuls n'y sont jamais, et ils mordent, là-bas, la cartouche, tandis que les muscadins grattent du bout de leur cuiller les sorbets de Garchi. Il semble, à s'imaginer le Paris du glacier de ce temps-là, qu'on assiste à quelque galant et élégant bal masqué, à une féerie mêlée de musique, à une sorte d'Embarquement pour Cythère, dont un Watteau nouveau aurait, en poussant un peu à la charge, peint le

PRÉFACE

délicieux tableau. Le Directoire, c'est la réaction de la Vie contre la Mort, c'est la protestation du sourire contre la peur, c'est aussi, c'est un peu trop le réveil de la folie du plaisir : c'est la Courtille de la Terreur.

L'auteur de Floréal *en a délicatement saisi le sens, rendu la couleur et le ton. C'est, je le répète encore, un livre de poète que ce coquet tableau d'histoire. Jamais le roman d'aventures, qui plaira toujours au tempérament français, a-t-il lancé à travers le monde imaginaire, personnages plus héroïques et plus gais : duellistes et soldats, amoureux et amoureuses, petites modistes, marchandes de frivolités et gens de théâtres, débitants de rêve ?*

M. Armand Silvestre aurait pu intituler son livre de Floréal *à* Floréal, *car il a voulu nous montrer tout ce qui tenait de grâce et de courage, il y a un peu moins de cent ans, d'un printemps à l'autre. Et comme le poète inspiré des* Ailes d'or *et de* Grisélidis, *en se faisant conteur, non plus de joyeux devis, mais d'un long roman attirant et aimable, voulait un collaborateur, où pouvait-il le rencontrer, plus séduisant, plus averti en matière du XVIII° siècle, que dans l'atelier de M. Georges Cain, le peintre exquis des coquetteries féminines et du pittoresque d'autrefois ?*

Depuis longtemps, fils et petit-fils de glorieux sculpteurs, Georges Cain qui nous a donné, avec sa Barricade *et son* Buste de Marat aux Halles, *des pages vigoureuses et dramatiques, s'est réservé pourtant, dans le passé, un coin spécial et comme une sorte de Trianon particulier où il loge avec goût les élégances qui lui plaisent. Il cherche l'intimité des heures d'antan, comme son frère Henri Cain se plaît à celle du temps présent. Le Paris d'autrefois l'enchante. Il en connaît les carrefours, les modes, les meubles. Georges Cain a dû — car l'atavisme scientifique n'est que la constatation de la poétique théorie de la métempsycose — vivre aux jours élégants du Directoire où bien les ressouvenirs de quelque aïeul lui reviennent, car visiblement il a coudoyé ces modistes, rencontré ces gens arrêtés devant une affiche de théâtre, vu passer ces trottins et suivi ces soldats. Il y a je ne sais quoi de vécu et de précis dans ces illustrations colorées, élégantes, avec je ne sais quoi de provocant et de soyeux, et qui sentent l'évocation comme les pages mêmes du livre où, en quelques traits rapides, Armand Silvestre fait revivre un coin de rue, un groupe de volontaires en marche, ou montre lestement un fin paysage parisien — et si vivant et d'un ton si juste!*

Voilà un livre original, du moins, et très différent des ouvrages de ce genre. Inédit par le texte, nouveau par les images, car ce mot d'images est délicieux et il évoque aussi pour nous tant de chers souvenirs de jeunes lectures, de lectures fiévreuses et heureuses!

« Des images! » C'est ce que l'enfant demande avant de vivre et c'est tout ce qui reste à l'homme après qu'il a vécu, images du passé, images d'amour, images de gloire. Des visions, si vous voulez, ou des fantômes. Du moins, les images que rêvent les poètes et que les peintres réalisent ne s'évanouissent plus. On peut les retrouver en feuilletant le livre où, peintres et poètes, ont uni leurs visions. Parmi ces livres là, je n'en sais pas, je le répète, de plus originaux que celui-ci.

*Il semble que tous les arts aient voulu fraterniser en ces pages et se retrouver, sous la même couverture, comme les héros de Floréal sous le même ciel printanier. M. Massenet a mis en musique les vers de Silvestre, comme Georges Cain avait semé à travers les chapitres du roman ses compositions originales, séduisantes ou dramatiques. Le maître d'*Hérodiade *s'est souvenu du Paris où vécut Manon, et, laissant la harpe de* Marie-Madeleine, *il nous a joué, comme sur la flûte, deux airs délicieux qui eussent tenté le chanteur Garat. Tout est choisi en ce* Floréal *où, par dessus les fronts sympathiques des héros de roman, flotte avec fierté le drapeau de la Patrie!*

Je ne doute pas qu'on ne lise beaucoup ce livre. Il est allègre et réconfortant. La peinture dans ce qu'elle a de plus aimable et la musique dans ce qu'elle a de plus doux lui ont servi de marraines. On va très loin avec de telles bonnes Fées. Et je dirai que le Floréal *de M. Armand Silvestre vient bien à son heure: il est comme une protestation heroïquement spiri-*

PRÉFACE

tuelle contre le pessimisme, ce phylloxéra germanique si dangereux au clair et sain génie de Gaule. Il oppose la gaîté salutaire de l'action aux douloureuses joies des recherches psychologiques. Il crie à plein cœur : En avant ! Et il nous montre, avec la soie des jupes claires entrevues dans la verdure de la Terrasse des Feuillants, la soie des trois couleurs étincelant dans la poudre ou dans le soleil.

Il est plein de Paris et il est plein de France. Il est heureux, il est glorieux. Armand Silvestre s'est enfoncé, sans ambition pourtant de tableau historique, dans l'année 1799 et, du printemps de cette année là il nous a rapporté une fleur délicieuse que Georges Cain a arrosée de l'eau lustrale de ses aquarelles et dont Massenet a chanté le baptême. Et voilà le plus charmant ouvrage, ce Floréal *qu'on pourrait appeler la* Poésie d'une fin de siècle !

Jules CLARETIE

31 Octobre 1891

ANGÈLE BARIGOULE

I

C'était au matin du 30 floréal, un matin radieux en la saison de l'année où la fraîcheur des nuits s'envole vite aux premières tiédeurs de l'aurore, dans un de ces jardins qui, par-dessus de hautes murailles et des grilles, mettaient en ce temps-là un niveau de verdure aux rives de l'île Saint-Louis.

Le petit jour s'était levé, tout à l'heure, éparpillant d'abord un duvet de cygne sur la Seine endormie, puis s'épanouissant en roses pâles qu'avaient traversées bientôt, comme des dards d'abeille, les premiers rayons du soleil encore sous l'horizon. Mais, sous cette caresse de la lumière blanche, puis teintée d'or clair, Paris ne s'était pas réveillé.

On était en l'an VII, sous les gaîtés furieuses du Directoire, où les citadins prolongeaient fort avant leurs bruyantes veillées en mille plaisirs. Tandis que les flonflons s'éteignaient à peine dans les bals publics, sur le fleuve, à la mâture dégingandée des feux d'artifice à peine éteints, couraient encore de petites flammes rouges. Paris, que Thermidor avait délivré, n'était pas redevenu la cité laborieuse où tant de chefs-d'œuvre s'étaient enfantés. On y respirait comme un air de folie où passait à peine un souffle d'héroïsme à la nouvelle des victoires.

Mais la nature est plus sage que nous. Cette lassitude du dehors était recueillement dans le jardin que j'ai dit, où ces belles clartés de l'orient en fête arrivaient tamisées par la profondeur des frondaisons, piquant sur le sable des allées et sur les gazons mouillés de rosée de petites notes d'or vibrantes comme des ailes de papillons. Là, c'était le réveil harmonieux des oiseaux dans les feuillages, l'imperceptible bourdonnement des insectes sous l'herbe diamantée, le frisson des ailes qui se déploient, le bégaiement des chansons qui s'envolent. Et dans ce murmure délicat que rythmait la brise de la Seine, la vieille maison seigneuriale, aux volets fermés, était silencieuse entre des hautes murailles que semblaient lézarder les ombres des branches en silhouettes sur un fond illuminé, que coupait de noir la projection oblique de la crête du mur de clôture tout enguirlandé de lierre, avec des pariétaires au sommet.

Ce vieil hôtel s'appelait encore dans le quartier l'hôtel des Aubières, bien que son nouveau propriétaire lui eût donné le nom plus fastueux de Palais de l'Égalité. De grands souvenirs, des souvenirs de race, s'y étaient longtemps abrités, pendus aux cloisons avec les portraits des ancêtres, étincelants, sous les vitrines, en des débris d'armures dont plusieurs avaient été rapportés des croisades, fleuris en reliques d'amour au fond de petites châsses ciselées où les anneaux de fiançailles avaient été détachés pieusement du doigt des défunts.

Tout avait inspiré là l'héroïsme des anciens âges, la tradition fière, la légende que les pères lèguent aux enfants, écrite avec le sang des soldats morts dans les grandes batailles. Un César des Aubières était tombé à Pavie, un Gontran des Aubières à Rocroy. Quant au dernier qui eût occupé cette demeure, celui que la tourmente révolutionnaire avait surpris, n'ayant pas été de ceux qui avaient transigé, il était parti pour l'émigration un des premiers, avec sa femme et son fils unique, presque un enfant encore, et il était particulièrement exécré des bons patriotes pour ce qu'on l'avait su mêlé aux intrigues que les royalistes poursuivaient à l'étranger.

Ses biens avaient été vendus, et voilà même comment, en ce beau matin du 30 floréal, cependant que, dans le jardin, les fauvettes secouaient à leurs becs des trilles et des gouttes de rosée, celui qui reposait entre ces murailles armoriées, derrière les écussons sculptés au cœur même de la pierre, était tout simplement le citoyen Scévola Barigoule, un petit avocat venu du fond de l'Ariège, ayant fait quelque fortune à Paris par de malhonnêtes et fructueuses opérations, en un temps où ceux qui avaient leur tête à sauver négligeaient le souci de leur caisse. Dans le trouble de ces heures graves, notre habile homme avait pêché sans scrupule, et, comme il avait toujours fait grand vacarme de son patriotisme, nombre de jobards s'applaudissaient que le bien fût venu en de telles mains. Ce n'était pas, au moins, un méchant homme que ce Scévola Barigoule, — les vrais méchants sont si rares qu'ils en sont presque précieux ! — il n'avait à se reprocher la mort de personne; mais il avait su hériter de beaucoup de gens qui ne l'avaient pas volontairement désigné pour cela. Petit, bedonnant, une véritable braise plantée au milieu du visage entre deux petits yeux gris luisant comme des têtes de clous, c'était un personnage où l'odieux était sensiblement dominé par le ridicule. Il était de ceux qui, s'étant enrichis avant Thermidor, trouvaient que, Thermidor venu, il était temps que la propriété redevînt sacrée, et la société aristocratique comme il convient à la richesse. Il s'était bien gardé de faire gratter les armoiries des Aubières sur les murs de sa propriété. Après les avoir laissées prudemment s'envahir de mousse il les avait soudain ressuscitées, et il n'était pas éloigné de croire qu'elles fussent devenues les siennes. Il vous avait pris soudain des façons de gentilhomme qui eussent étonné les serviteurs eux-mêmes des anciens maîtres de l'hôtel. Il vous tranchait du financier et du bel esprit, avait la prétention de passer encore pour un galant, et, veuf de son état, eût mené sans doute le train le moins édifiant dans sa propre maison, si sa fille Angèle n'eût été auprès de lui.

Une rose sauvage perdue dans l'épaisseur des buissons : Mademoiselle Angèle Barigoule était, par sa nature exquise, un vivant contraste avec ce grossier tempérament de parvenu. Ayant perdu très jeune sa mère, n'ayant pour guide qu'un père absorbé par les belles affaires que vous savez, elle s'était, pour ainsi parler, formée toute seule au cours de ses propres penchants, comme une plante en pleine terre qui croît dans le sens où le soleil l'attire. De cette éducation toute instinctive, toute originale, elle était sortie dans un épanouissement singulier de goûts nobles et élevés, d'aptitudes aimables et recueillies. Aucune ombre n'était tombée sur elle, ou du moins ne l'avait pénétrée et faussée, des exemples fâcheux qu'accumulait sous ses yeux la sottise paternelle. Pleine d'indulgence et de bon sens, elle en ignorait tout ce qu'elle pouvait, ne se permettant pas de juger cet étrange protecteur. Sans être le moins du monde romanesque, elle avait un mépris souverain des préjugés, et, plus instruite peut-être que ne le comportait son âge, — mais elle avait eu le loisir de méditer, — estimait que les choses du cœur doivent passer avant toutes les autres. D'apparence presque frêle, très blonde avec de jolis yeux bleus qui s'approfondissaient dans le rêve comme l'eau de source dans l'image du ciel, elle n'en était pas moins, à l'occasion, très résolue. Mais cette volonté qui était en elle, elle n'en faisait jamais parade dans les moindres choses, et semblait la garder pour quelque occasion qui en valût la peine : tous ceux qui sont vraiment pacifiques sont ainsi. Elle était douce par habitude, fort douce, et, par mille bienfaits délicats répandus autour d'elle, faisait de son mieux pour qu'on pardonnât à l'opulence mal gagnée de M. Barigoule, qui avait infiniment plus d'ennemis que n'en pouvait concevoir l'extrême contentement qu'il avait de sa propre personne.

En dehors de domestiques insignifiants, mademoiselle Angèle avait une gouvernante, dame veuve Pitonnet, laquelle était très bornée, mais encore plus sourde, que son père avait mise près d'elle pour faire de la popularité, le sieur Pitonnet ayant été, de son vivant, un bon patriote, et que sa fille gardait ou faisait semblant de subir par charité.

Donc, tout le monde dormait derrière les volets fermés de l'hôtel des Aubières, en ce matin tout ensoleillé qui commençait à éclabousser de rubis le fleuve, et personne non plus, sur les quais, les mariniers eux-mêmes étant assoupis au fond des péniches amarrées à de lourds anneaux, dans leurs cabines aux petites fenêtres de bois treillagées de volubilis.

Tout à coup, dans ce paradis bien clos que faisaient, entre les hauts murs, les grands arbres du jardin, une apparition singulière qu'accompagnent un déchirement de lierre et le bruit de quelques menues branches brisées, interrompit la chanson des oiseaux s'enfonçant, furtifs, dans les fourrés tout fleuris de pervenches. Dominant d'abord, de la tête, la crête du mur de clôture et y appuyant les mains, un homme s'était vigoureusement soulevé sur les coudes; puis, se penchant en avant, avait posé son genou sur les pierres, s'arc-boutant ensuite, dégageant son autre jambe et sautant légèrement enfin sur la terre molle, où sa chute résonna à peine, quelques feuillages seulement ayant cinglé d'une buée rose son visage très pâle un instant auparavant.

Il pouvait avoir vingt-quatre ans, à en juger par l'expression jeune de ses traits et l'extrême souplesse de sa taille. Brun, avec une belle chevelure soyeuse, il avait une physionomie douce et énergique à la fois, et ce je ne sais quoi de profondément sympathique qu'ont ceux qui ont déjà souffert. Malgré l'habileté de son escalade, on sentait une certaine lassitude dans son allure, et, dans ses premières poses de repos, se lisait le découragement. Il était très simplement vêtu de noir et avait jeté, devant lui, avant de sauter, un lourd manteau dont il avait dû être enveloppé pour venir là. Très adroitement, il avait ramené en avant, le long de sa jambe, pour atteindre le sol, une épée à la poignée d'acier très précieusement sertie, qu'il portait au côté. Après avoir relevé sa cape, il la posa sur un banc et s'y assit lui-même. Un instant il demeura la tête baissée et comme s'il n'avait pas le courage de regarder autour de lui. Quand il la releva, une indicible émotion passa dans son regard, qu'il promena lentement tout autour de lui. Alors sembla-t-il se perdre dans une contemplation vague, arrêtant longtemps ses yeux ici, puis là, avec d'imperceptibles mouvements de tête, comme quelqu'un qui reconnaît et qui se souvient.

Brusquement il se leva, marcha au hasard dans les allées comme un homme ivre, s'agenouilla devant un vieux tilleul et posa sa lèvre sur l'écorce, une lèvre qui tremblait dans un baiser. Un batelier se mit à chanter sur l'eau, le premier levé de la petite flottille de la cité, une chanson d'amour, celle d'un absent qui revient. Le jeune homme l'écouta, puis revint s'asseoir sur son banc, prit sa tête entre ses mains. Des sanglots secouèrent ses épaules et ses larmes passèrent, entre ses doigts, courant sur ses mains fines comme celles d'une femme.

II

Ce n'était pas, vous l'avez deviné, un voleur. Celui qui venait ainsi, presque au risque de sa vie, et se glissait ainsi, furtif, dans le jardin d'une maison habitée, était le dernier héritier du nom des Aubières, M. Robert des Aubières, l'enfant que son père avait emmené dans l'émigration et qui y était devenu un homme. Comment se retrouvait-il ainsi à Paris, atteint par la proscription, au mépris de toute prudence, dans le lieu même où son nom pouvait être le moins oublié, c'est ce qu'il faut dire avant tout. Très peu de temps après son arrivée à l'étranger, Robert avait perdu sa mère, et son père avait dû l'associer à la vie quelque peu aventureuse qu'il menait là-bas, sans cesse complotante, étant un des plus implacables parmi les ennemis que l'exil avait faits à la France républicaine. Robert avait grandi dans ce tumulte d'espérances folles et de désespoirs furieux, dans ce déchaînement de haines et de rancunes. Mais la lecture assidue des maîtres, studieux qu'il était de nature et aimant l'entretien des nobles esprits du passé, celle de Virgile, de Tacite, d'Ovide même le proscrit, l'avait noblement distrait de cette bruyante lutte, l'avait fait recueilli dans ce grand bruit de passions, et, sans le condamner, le fuir instinctivement. Il avait gardé en lui, malgré la mémoire sans cesse révoltée des crimes, un amour ardent de la Patrie, une muette admiration de cette France maternelle qui, seule, combattait tout le monde déchaîné et mêlait, au sang de tant de martyrs, le sang de tant de héros! Certes il n'avait pas osé dire, devant son père, ce qu'il pensait au fond de son âme. Mais celui-ci, sans le deviner, s'inquiétait de ne pas trouver, dans ce fils, l'ardeur dont lui, vieillard, était encore consumé. Il regardait volontiers Robert comme un idéologue et ne l'initiait plus aux périlleux secrets du parti.

Donc l'enfant grandissait — il avait quinze ans quand il était parti — tout à la lecture des philosophes, mais aussi des poètes. Et c'est ceux-ci qu'il aimait le plus encore. Dans cet isolement de l'exil, dans cette vie de conspirations et de défaites, ceux-ci lui avaient été une consolation, et il leur avait dû, par le respect de soi-même qu'inspire la poésie, de garder immaculé, fortifié, inviolable par les tendresses futiles, le premier sentiment d'amour qu'il eût éprouvé, tout adolescent qu'il fût, avant son départ de la France. De nature profondément affectueuse et douce, la beauté de la Femme, pressentie par ses premières impressions, lui avait été l'objet d'un culte fait de religion et de l'idéal. Celle qui avait laissé dans ses yeux cette image si vivante et toujours adorée, qui avait revêtu, pour son esprit, cette façon de divinité devant laquelle s'agenouille éternellement la mémoire, avait été, bien que plus jeune que lui de quelques années, l'amie de ses premiers jeux. Il avait grandi, en effet, avec mademoiselle Laure de Fréneuse, fille d'amis de ses parents, et les projets d'alliance dans l'avenir s'étaient noués presque au seuil de leurs berceaux. Elle n'avait que douze ans quand son père, à lui, l'avait arraché à cette vie si douce d'espérances obscures dans de réelles joies, et les pauvres enfants avaient tant pleuré, qu'on les avait emportés, comme évanouis, loin l'un de l'autre. Mais toujours il se rappelait l'air de grande demoiselle que Laure avait déjà, cette belle chevelure noire qui se posait sur son petit front comme deux ailes, ce joli sourire de fleurs qui s'ouvrent, sur la blancheur des petites dents, comme sur des gouttelettes de rosée; ce regard troublant d'yeux sombres et doux. au fond desquels, comme au fond des sources, palpitait un sable d'or; et les grâces ingénues de sa petite personne déjà adolescente, ce doux rêve sous la clarté duquel s'était entr'ouverte l'aile de sa première pensée d'amour! C'est cette vision dont il suivait, à travers l'absence, l'épanouissement dans la jeunesse et dans une grâce plus sérieuse déjà, lui, le pauvre petit proscrit! Et, quand il lisait Virgile, c'est Laure qu'il voyait dans Galatée et dans Néère, Laure toujours avec ses yeux constellés, ses cheveux bruns et son sourire de rose mouillée.

Ces Gretchens aux charmes épais dont on lui voulait faire de nouvelles compatriotes, lui faisaient horreur. Il se sentait devenir homme avec une volonté d'autant plus ferme de garder à mademoiselle de Fréneuse tous ses vœux et toutes ses tendresses. Il avait une soif indicible de la revoir. Et cependant aucune nouvelle n'alimentait cette passion si vraie, mêlée, de si loin, au sang de ses veines. Le père de Laure et le sien s'étaient irrémédiablement brouillés, au moment de la séparation. M. de Fréneuse, qui donnait quelque peu dans les idées nouvelles, avait blâmé son ami de quitter la France, de s'exposer peut-être à porter les armes contre elle. M. des Aubières avait fort mal pris la semonce et répondu en traitant son ami de traître au Roi. Ainsi ces deux mains qui s'étaient si loyalement tenues serrées, pendant un long chemin, s'étaient à jamais repoussées l'une l'autre. C'était encore, pour Robert, un des souvenirs cruels de cet adieu.

Quand Thermidor avait retenti comme un cri de délivrance dont l'écho se répercutait même par delà la frontière, Robert demanda à son père si celui-ci ne comptait pas rentrer en France; mais M. des Aubières lui avait répondu durement que c'était en vainqueur qu'il entendait y rentrer un jour. Alors Robert avait beaucoup pensé. Il s'était dit cependant, ignorant de la folie populaire, que la France devait être belle, que la terre y devait sourire, soulagée du poids de ces échafauds, que tout le sang versé y était remonté au cœur des roses, que, la guerre civile achevée, on y devait faire de beaux rêves de gloire, et que l'épée des aïeux avait dû tressaillir au fourreau. Il s'était dit encore que la Patrie avait déjà lavé ses fautes dans bien des victoires; que, de la Révolution, ne demeurait que ce qui avait été vraiment grand, la Liberté reconquise; que Paris devait être beau à la nouvelle des batailles où triomphait Bonaparte avec ses jeunes généraux. Ah! Paris! Paris! M. de Fréneuse avait dû garder ses biens, s'étant rallié à la Cause populaire. Mais Laure surtout : Laure devait avoir près de vingt ans. L'aurait-elle attendu? Ah! certes! Tout était loyauté dans cette pure enfant qu'il retrouverait femme. Mais lui n'avait plus rien. Mais leurs pères étaient brouillés à jamais! N'importe, il la reverrait, il la supplierait d'attendre encore qu'il eût pu se refaire une place au soleil. En ce temps-là, on était bien vite glorieux avec son courage. Et ce rêve fou de revenir en France, de revoir Laure, de retrouver, du même coup, sa Patrie et sa fiancée, devint, chez Robert, despotique, impérieux. Une dernière fois il supplia son père. Celui-ci lui répondit que le moment était mal venu de renoncer à la guerre, quand les Anglais et les Russes allaient, des émigrés dans leurs rangs, écraser la France. Ce fut, dans l'âme du jeune homme, un tressaillement d'horreur. Il se détourna de M. des Aubières. Deux heures plus tard, avec de faux papiers qu'il s'était procurés depuis quelque temps déjà, il passait la frontière. Dix jours après, laissant derrière lui de longues étapes où ses pieds avaient saigné bien souvent, il atteignait Paris. Il crut que son cœur allait s'arrêter dans sa poitrine en traversant la porte de Clichy où sa marche avait abouti, où la sécurité lui venait du certificat d'identité vérifié pour la dernière fois.

Il était quatre heures quand il fit à Paris cette entrée pleine d'émotion; l'après-midi printanier s'achevait dans une façon de kermesse, qui lui donnait tout d'abord l'impression d'un dimanche bien qu'on fût un vendredi. Dans le faubourg, les petites gens se promenaient, s'empressaient autour de ménétriers montés sur des tonneaux et chantant des chansons un peu légères, jouaient à mille jeux forains, perdaient gaiement à des loteries ambulantes. Des paillasses faisaient la parade pour les désœuvrés, et les cabarets étaient pleins de buveurs parmi lesquels s'attablaient des citoyennes en toilettes tapageuses dans leur modicité. Robert, qui ne s'attendait guère à cet aspect du nouveau Paris, eut comme un froid au cœur de cette gaîté qui contrastait si fort avec les impressions douloureuses de son propre esprit, douloureuses à travers leur joie profonde. Car il sentait aussi comme un énervement de respirer cet air natal, mais un énervement attendri.

C'était la fin d'une magnifique journée, et le soleil, en déclinant derrière la colline encore boisée de Boulogne, emplissait la chaussée d'un grand éclat de lumière, dans laquelle s'ébattait une nuée d'enfants, pareils à des moineaux francs se trémoussant dans la poussière. Il s'arrêta un instant, sous une tonnelle, pour se rafraîchir, et écouta, curieux, ce qui se disait autour de lui. On n'y disait pas un mot de la guerre, mais on y parlait de tous les divertissements à la mode. C'était comme une fièvre chez tout le monde. Quand il sortit de là pour chercher un hôtel, accablé de fatigue, un bavardage insipide lui bourdonna longtemps encore dans les oreilles. Voilà donc à quoi pensait la France, après avoir secoué ses chaînes! Voilà les fleurs perverses qui montaient de tout le sang versé! Et, comme il descendait dans Paris, le soleil n'étant plus qu'une nappe d'or pâle découpée par l'ombre noire des maisons, de tous les côtés il entendit préluder les violons des guinguettes dont les lanternes mettaient, dans la clarté indécise du jour, des points rouges tremblotants dans une façon de brouillard.

Alors il se crut vraiment dans un mauvais rêve et se demanda si le vin frelaté qu'il avait bu ne lui avait pas porté à la tête. L'ombre descendant lentement, il lui parut qu'un troupeau de fantômes s'agitait autour de lui dans un énervant éclat de rire. Les malséants refrains des ménétriers étaient maintenant sur toutes les lèvres, et les femmes le regardaient comme pour l'entraîner dans cette ronde, ironiquement joyeuse autour de son étonnement navré.

Et ce lui fut une première amertume de ce retour, un premier désenchantement de son rêve. Mais la pensée de Laure le consolait, de Laure qu'il reverrait, sans doute, demain.

M. de Fréneuse habitait rue de l'Université. Dès le lendemain matin, ayant mis le plus d'ordre qu'il put à sa toilette sommaire de voyageur, le cœur battant plus fort que la veille, Robert se mit en route. En traversant la Seine, il jeta malgré lui un regard du côté de l'île Saint-Louis et sentit des larmes monter à ses yeux. Mais il s'était juré de ne pas s'attendrir devant ces ruines. Ce n'était pas là d'ailleurs le meilleur de ce qu'il avait perdu. Dans un brouillard léger, celui des deux ponts, s'allongeait le petit promontoire. S'arrachant à lui-même, il regarda de l'autre côté.

Il avait atteint l'autre quai d'ailleurs. Il était rue de l'Université. Devant la maison de M. de Fréneuse, une sentinelle causait gaîment avec une jolie fille qui s'était arrêtée, un jeune soldat qui faisait joyeusement sa faction.

— Où allez-vous, citoyen? lui demanda un autre soldat à cheval sur une chaise devant la porte, quand il voulut la franchir. Il nomma M. de Fréneuse.

— C'est ici le logement du général Harcœur, lui fut-il répondu, et nous ne connaissons pas. Il demanda si l'on ne pourrait faire sortir quelqu'un de la maison, qu'il l'interrogeât. Mais il n'y avait là que des militaires. Alors, la poitrine étreinte d'angoisse, il regarda les maisons voisines. Elles avaient toutes le même aspect qu'autrefois, mais portaient toutes des insignes patriotiques indiquant qu'elles avaient changé certainement de propriétaires.

Un peu plus loin, au coin de la rue du Bac, était cependant une petite boutique qui lui parut toute pareille à ce qu'elle était autrefois, et, derrière la vitre, une figure de vieille femme qu'il crut reconnaître, car lorsqu'il était parti, elle était vieille déjà, et Laure et lui y achetaient de menues choses parce qu'elle était pauvre et pour lui faire du bien. Avec un frisson il entra. Oui, c'était bien la vieille femme, plus blanche seulement et plus ridée. Elle le regarda, inquiète, avec des yeux clignotants qui semblaient n'y plus voir beaucoup à travers les cils longs et gris.

— Avez-vous connu la famille de Fréneuse? demanda-t-il d'une voix qui tremblait.

Mais la vieille lui fit : « Chut! chut! » et une grande terreur se peignit sur son visage.

— Parlez, madame, je vous en supplie...

Alors, s'approchant pour parler moins haut : « Vous ne savez donc pas? » fit-elle. Il n'osait l'interroger davantage. Elle murmura plutôt qu'elle ne dit : « Guillotiné, un des derniers. »

Robert se sentit mouillé d'une sueur froide. Machinalement il répéta : « Guillotiné ! » et la vieille branla la tête pour lui dire qu'il avait bien compris.

— Sa femme ? Sa fille ? reprit-il, n'ayant plus un souffle dans la gorge.

— Disparues, fit la vieille.

— Et vous ne savez pas ?

— Rien, rien ! et puis on n'ose pas encore dire !

Savait-elle et était-elle demeurée sous l'empire d'une terreur profonde des événements qu'elle avait vus, des délations auxquelles elle avait assisté ? Ou bien ne savait-elle vraiment pas ? Robert n'en put tirer davantage. Elle lui dit de se renseigner à la municipalité. Il y courut, trop impatient pour marcher, mais trébuchant à chaque pas. L'exécution de M. de Fréneuse, deux jours avant la chute de Robespierre, lui fut confirmée. Quant à ce qu'étaient devenues la femme et la fille du ci-devant, on lui fit comprendre que c'était un souci indigne de bons patriotes. Tout ce qu'il put savoir, c'est que les biens des Fréneuse avaient été religieusement confisqués.

Où pouvaient-elles être ? Il chercha, dans sa mémoire, les adresses de toutes les personnes avec qui les Fréneuse étaient en relations d'amitié ou d'affaires. Partout il en trouva d'autres, qu'il ne connaissait pas. Si ces dames avaient pu quitter Paris, elles auraient certainement rejoint les amis qu'elles avaient dans l'émigration, et il aurait entendu parler d'elles. Mais à Paris, qu'avaient-elles pu devenir, sinon mourir de faim ? Un désespoir si grand prit Robert, qu'il sentit défaillir tout son courage.

Le lendemain, cependant, il commença de chercher au hasard, en priant Dieu de le conduire, se confiant à je ne sais quelle pitié d'en haut qui le guiderait. A travers Paris, toujours poursuivi par la bruyante gaîté des passants, paraissant seul au milieu de tous ces rires et de toutes ces chansons, sans que la tristesse fraternelle de quelque ami se penchât sur la sienne, il erra, dupe d'illusions toujours cruelles, croyant reconnaître celles qu'il cherchait à chaque pas, et s'éloignant ensuite plus désespéré. Ah ! jamais Christ ne monta un plus douloureux calvaire. Et sur ce chemin du Golgotha, avec tout le sang de son cœur, il semait ses dernières ressources. Il ne lui resterait bientôt plus de quoi acheter du pain.

Il y avait huit jours qu'il subissait, sans l'épuiser, cette angoisse, quand tout espoir lui parut perdu. Le soir du huitième il se dit résolument que chercher davantage était inutile et qu'il ne lui restait plus qu'à mourir. En demandant pardon à Dieu, dans son cœur de chrétien, du crime qu'il allait commettre, il s'inquiéta comment il mettrait à exécution son funeste dessein. Dans la fermeté de sa résolution, un attendrissement passa, une sorte de rêve, qui ramena un moment sa pensée vers la maison paternelle, vers ce doux nid de sa jeunesse où son cœur avait battu pour la première fois. Il se dit que la mort lui serait moins cruelle dans ce lieu où il avait commencé de vivre, parmi ces souvenirs que reverraient ses yeux avant de se fermer pour jamais.

Qui sait! les roses de ce jardin, où il avait joué tout enfant, auraient peut-être pour lui des larmes, et les oiseaux lui chanteraient tout bas un suprême *De profundis*. Celui qui était là maintenant était peut-être un brave homme qui, sachant son nom, le ferait enterrer au caveau des Aubières, là où sa mère l'attendait. Il en exprimerait le vœu dans un mot qu'on trouverait sur lui, quand il se serait traversé la poitrine de son épée; car il voulait mourir comme les soldats, d'un trou dans le cœur et reçu en avant. Toute la nuit il se confirma dans cette douloureuse pensée et dans cette recherche d'une suprême consolation. Dès que l'aube eut mis une vapeur blanche à l'horizon, soldant sa chambre de son dernier écu laissé sur la table, il sortit.

Et voilà comment nous l'avons retrouvé, au début de ce récit, dans le jardin de l'hôtel des Aubières, et nous l'y avons laissé pleurant, sur un banc, ses dernières larmes.

Ce moment de faiblesse passé, résolument il se leva, salua d'un regard suprême la vieille maison qui gardait ses paupières de bois closes, dit adieu aux grands arbres dont les profondeurs s'illuminaient de soleil, tira son épée, se recommanda à la miséricorde éternelle, et en appuyait déjà le pommeau en terre pour se précipiter sur la pointe, quand un bruit retentit tout près, dans les branchages. Instinctivement il ressaisit son épée et se cacha.

Du côté opposé à celui par lequel il était entré, dominant d'abord de la tête la crête du mur de clôture, et y appuyant ses mains, un homme s'était soulevé vigoureusement sur les coudes, puis, se penchant en avant, avait porté un genou sur les pierres, s'arc-boutant ensuite, dégageant son autre jambe tout en se tenant au feuillage, légèrement enfin avait sauté sur le sable, répétant sa propre pantomime et précédé d'une épée qu'il ramassa en touchant le sol.

Après quoi, cet inconnu se mit à regarder douloureusement la maison et les arbres, comme il l'avait fait lui-même, à pousser d'énormes soupirs, à se moucher mélancoliquement comme font ceux qui pleurent, et à se parler à demi-voix à lui-même comme pour s'encourager à quelque virile action.

III.

C'était un grand garçon dont la chevelure était d'un blond fadasse, la physionomie étrange, au premier abord, mais au demeurant sympathique. Son nez fort long se retroussait assez spirituellement à l'extrémité. Ses yeux très vifs étincelaient sous des sourcils violemment circonflexes, et le retroussis de ses lèvres dessinait un arc parallèle à celui de son menton légèrement en galoche. Son allure était quelque peu dégingandée, et son corps, noué d'une façon épaisse aux articulations respirait une vigueur simiesque. Il était vêtu d'un habit rouge et portait des bas de couleur voyante, le tout fort à la mode, laquelle n'était pas précisément, pour les hommes, d'un goût sévère et exquis.

Sous cet aspect, et en continuant à monologuer à demi-voix avec de grands gestes, en regardant quelquefois son épée qu'il avait gardée à la main, il traçait, de plus en plus vite, des pas de plus en plus grands sur le sable des allées.

Robert, qui avait cru d'abord à l'amoureux de quelque servante, éprouva une mauvaise humeur excessive contre cet intrus qui venait troubler sa méditation douloureuse et retarder l'exécution de son ferme dessein. Le nouveau venu perambulant, toujours sombre, dans tous les sens, il se dit qu'il serait parfaitement ridicule qu'on le surprît ainsi caché lui-même. M. des Aubières sortit donc résolument du taillis derrière lequel il s'était abrité, et commença, lui aussi, de se promener de long en large, en évitant toutefois, d'abord, de rencontrer l'inconnu dans ses circuits.

Celui-ci, qui ne semblait pas avoir l'étonnement facile, ne broncha pas. Il eut l'air de dire en lui-même : « Au point où j'en suis, voilà qui m'est bien égal. » Un sourire même ponctua une pensée qui aurait pu être celle-ci : Tant mieux ! plus on est de fous, plus on rit ! Cette double promenade continua quelques instants, chacun d'eux espérant et témoignant, par ses gestes d'impatience, qu'il espérait que l'autre se lasserait avant lui. Robert, qui voyait l'heure passer, résolut de hâter le dénouement d'une situation qu'il commençait à trouver désagréable. Il s'avança vers le monologuiste, et, d'un ton peu aimable :

— Pardon, monsieur, lui demanda-t-il, est-ce que vous avez l'intention de rester longtemps ici ?

— Très longtemps, citoyen, répondit l'autre. Et vous ?

— Moi, toujours! fit M. des Aubières avec un retour de mélancolie.

— C'est ce que je voulais dire aussi, et il faudra qu'on m'emporte pour m'arracher de ces lieux.

Robert serra les poings et fit quelques pas, puis revenant sur l'inconnu qui se remettait aussi tranquillement en route, et d'un accent plus irrité :

— Savez-vous, monsieur, que vous me gênez infiniment ?

— J'allais, à mon grand regret, vous faire le même compliment, citoyen, répliqua imperturbablement l'intrus.

Robert sentit grandir en lui la colère :

— C'est ce dont je me moque, monsieur

— C'est ce qui m'importe le moins au monde, citoyen.

Robert se frappa le front. Une idée lui venait, une idée de génie dans l'angoisse où se débattait sa conscience. Car ce bon catholique avait, on l'a dit, horreur du suicide et craignait pour le salut de son âme immortelle. Mais mourir de la main d'un autre et dans un combat où lui-même ne risquerait pas de tuer son adversaire, était une ressource admirable que lui offrait inopinément la pitié du Destin! Un duel avec cet étranger! Il eut comme un soulagement énorme d'avoir conçu ce nouveau plan. L'offense ne s'attarda pas sur ses lèvres. Se plantant bien en face du malencontreux visiteur :

— Savez-vous, monsieur, que vous êtes un drôle et un impertinent!

L'homme à l'habit rouge bondit. Lui aussi avait paru réfléchir un instant et être fort satisfait du résultat de sa méditation.

— Allons donc! s'écria-t-il, c'est une affaire que vous voulez, citoyen? Il fallait le dire plutôt, et on est à votre service! En garde! en garde!

Et, d'un geste tragique, l'inconnu avait fait décrire à son épée un demi-cercle au-dessus de sa tête et s'était solidement arc-bouté sur ses jambes légèrement ployées.

M. des Aubières, bien en face de lui, en fit autant de son côté, après avoir tracé, sur sa poitrine, un signe de croix.

Alors commença le combat le plus extraordinaire du monde, et, comme je le crois, tel qu'on n'en vit pas souvent. A chaque mouvement de son adversaire, le chevalier tendait sa poitrine en ouvrant les armes, et quand, pour exciter celui-ci, lui-même ébauchait une attaque, l'inconnu se gardait bien de parer et se découvrait également de son mieux. Il crut d'abord à une émotion qui lui retirait jusqu'au sentiment de la conservation et lui faisait perdre le jugement. Il redoubla ses fausses attaques, mais imperturbablement ce tireur extraordinaire semblait s'efforcer de les faire réussir. Il s'arrêta net et lui dit :

— Ah çà, monsieur, me ferez-vous l'honneur de vous défendre des coups que je vous porte? Voilà dix fois que vous ouvrez, vous-même, à mon fer, le chemin. Vous n'avez donc jamais tenu une épée?

— Je vous demande pardon, citoyen, mais je suis de première force; vous-même, d'ailleurs, vous défendez fort mal ou pas du tout. En êtes-vous donc à votre premier assaut?

— J'ai vingt ans de salle. Mais cela ne vous regarde pas. Je fais ce qu'il me plaît.

— Et moi aussi. Recommençons donc, je vous en prie.

Et la pantomime continua sans s'être le moins du monde modifiée. A la fin, Robert s'écria :

— Mais, monsieur, vous voulez donc vous faire tuer?

— Oui, citoyen, répondit imperturbablement l'obstiné.

— Vous n'êtes pas dégoûté! murmura mélancoliquement Robert. Mais je refuse net de vous assassiner.

— Et moi, je vous déclare que vous n'avez pas à compter sur moi pour vous débarrasser de la vie.

Le soleil avait beaucoup monté pendant qu'ils conversaient ainsi, et, débordant la crête du mur, dans l'enchevêtrement du lierre et des glycines où s'acharnait le vol d'or des abeilles, des lumières dessinaient, sur le sable, de larges nappes où tremblaient des ombres flottantes, où l'aile furtive des oiseaux mettait d'étranges ponctuations, comme à une mystérieuse écriture. Un volet s'ouvrit à la maison, avec un double claquement très sec sur la muraille : quelque domestique qui se levait pour commencer son ouvrage. Les deux combattants eurent le même sentiment du ridicule de cette situation, et du mauvais effet que ferait leur présence dans le jardin. Robert, qui connaissait à merveille les lieux, s'en fut tout droit et sans bruit vers une poterne qui s'ouvrait en dedans, et l'inconnu le suivit machinalement. La porte bâilla, en criant sur ses gonds rouillés et en déchirant quelques verdures, — car elle était condamnée depuis longtemps. — Ils se trouvèrent devant ensemble.

— Après vous, monsieur.

— Citoyen, après vous!

Dès qu'ils furent dehors, sur le quai, ils se regardèrent curieusement. — Ce n'est pas un lâche qui tente de mourir de cette façon! pensait M. des

Aubières. — Le premier venu ne renonce pas aussi chevaleresquement à la vie! pensait son adversaire de tout à l'heure.

Ce double examen amena dans leurs yeux une expression de bienveillance réciproque. L'inconnu admirait sensiblement la noble allure, les beaux stigmates de race qui marquaient le visage et les moindres mouvements de M. des Aubières. Robert sentait se fondre un peu de sa mélancolie devant la physionomie, invinciblement comique, de celui qui avait rêvé la même fin héroïque que lui-même. Une si tragique conception pouvait-elle loger dans ce front un peu étroit, si drôlement coiffé d'or jaune? Il ne pouvait s'imaginer cet amusant personnage couché, dans la dignité de la mort, sur le sable ensanglanté. Était-ce aussi la gaîté radieuse du paysage citadin et noyé de lumière dont ils étaient enveloppés qui chassait, de leur esprit, comme un mauvais rêve? Mais celui-ci sembla s'évanouir. Un sourire leur vint aux lèvres en même temps. L'inconnu était le plus bavard et le plus communicatif par nature :

— Citoyen, fit-il, vous avez l'air d'un brave gentilhomme!

Avec une cordialité pareille dans l'accent, M. des Aubières répondit :

— Et vous, monsieur, d'un bon garçon.

Et ils étaient tout près l'un de l'autre, avec une civilité, presque affectueuse déjà, dans l'attitude. Un bon soleil leur baignait le dos; une brise fraîche encore leur caressait le visage. Le frisson de la vie radieuse était partout : dans l'eau du fleuve qui étincelait de paillettes d'argent; dans les arbres du parc débordant la clôture de pierre et où les oiseaux avaient repris leur concert; dans la fuite légère des premières barques, laissant derrière elles un sillage d'azur; dans l'haleine des roses que les marchandes ambulantes promenaient déjà par charretées odorantes; dans les fenêtres s'ouvrant partout pour boire un peu de cette chaleur et de cette clarté.

— Il faisait décidément bien beau pour se tuer! fit l'étranger.

— Et surtout pour tuer quelqu'un à qui l'on ne voudrait que du bien! répondit Robert.

Un regard attendri de l'inconnu le remercia de cette aimable parole. Tous deux firent quelques pas, dans le quartier, jusqu'au coin du pont.

— Si nous évitions maintenant de nous laisser mourir de faim! fit le nouvel ami de Robert. Je sais, par ici, un délicieux petit cabaret où l'on frit à toute heure.

En tout autre temps, cette proposition, pour venir d'un inconnu, eût tout à fait révolté la fierté originelle de M. des Aubières. Comment, loin de s'en montrer offusqué, fit-il un geste comportant plus d'assentiment que de surprise? Bien simplement parce que Robert venait de passer par une émotion terrible et qu'il était à l'âge encore, en ce beau temps de jeunesse virile, où des retours triomphants à la vie et à l'espérance traversent nos plus grandes douleurs. La bête qui est en nous a toujours une instinctive horreur du néant. Il se sentait, sous ce soleil, dans cet enchantement de la nature, heureux de vivre après avoir été si près de la mort.

Rien n'était changé dans ses tendresses et dans ses résolutions douloureuses. Mais un répit venait à l'angoisse qui l'avait si longtemps étreint, un répit dont il n'avait pas la honte de se sentir le complice. Il lui semblait que le Ciel avait eu pitié de lui et ne l'avait pas détourné de la tombe s'il ne devait lui rendre celle qui lui était plus chère que le jour.

— Pourquoi pas? fit-il.

Puis il ajouta, avec une mélancolie traversée d'un sourire:

— Ah! vous savez que je n'ai pas d'argent.

— Citoyen, mais c'est moi qui vous ai invité, fit l'autre avec la dignité d'un Parisien offensé et qui connaît les usages.

Ils se remirent à marcher, Robert suivant l'étranger, en respirant à pleins poumons le bon air printanier plein de fortifiants effluves. Sur les parapets de pierre du quai, des marchands nomades commençaient à installer leurs boutiques en plein vent : oiseliers dont les captifs battaient plus douloureusement de l'aile dans cette atmosphère de liberté; fleuristes posant de hautes tiges verdoyantes le long de ce pacifique rempart; bouquinistes faisant claquer leurs vieux livres pour en chasser la poussière avant de les placer dans leurs portatives bibliothèques; numismates ayant passé la nuit à fabriquer de fausses monnaies à l'effigie des rois anciens. Le petit cabaret était au bout de l'île, formant promontoire, un promontoire aux tonnelles verdoyantes dont des garçons, en multicolores vestes, faisaient la toilette, frappant les tables à grands coups de torchon cependant que, dans la cuisine, mystérieuse comme l'antre des sybilles antiques, le patron comptait la provision de matous, étranglés sur les toits voisins par d'ingénieux polissons, et qui allaient devenir d'excellentes gibelottes. En même temps les brocs d'étain s'étageaient bruyamment sur le comptoir derrière lequel une citoyenne, dont le solide fauteuil gémissait affreusement, prenait place avec majesté.

Ce brusque changement du décor avait achevé de chasser les fâcheuses ténèbres où s'était un instant débattue l'âme des deux combattants réconciliés. Avec beaucoup d'appétit, sous la plus pimpante tonnelle, ils s'assirent en face l'un de l'autre, et le traître fumet, qui courut soudain parmi les brises de ce jardinet aux bosquets divers, témoigna qu'ils n'avaient pas tardé à faire leur commande. Des hors-d'œuvre joyeusement grignotés, en attendant le fricot aux haleines indiscrètes, furent accompagnés d'un petit vin blanc qui eût donné de l'oreille et de la langue à un sourd-muet. Des fraises et des cerises servirent de dessert à ce repas frugal, mais mangé avec un visible plaisir.

Les petites fumées blanches du café les induisirent en une nouvelle et douloureuse rêverie. Mais celle-là était faite plutôt de bien-être que du souvenir de leur double misère. Ils regardaient devant eux, sans formuler bien nettement aucune pensée, dans la lassitude douce et reposante des impressions tragiques dont ils avaient été hantés l'un et l'autre. Le beau spectacle qui était sous leurs yeux n'était pas indifférent à cette buée de béatitude qu'ils respiraient dans l'air, que leur versait le frémissement léger du feuillage au-dessus de leurs têtes.

Paris était admirable, en effet, de ce point qui le domine, non par sa hauteur, mais dans une longueur considérable, avec ses monuments qui semblaient sortir un à un, comme dans une ville ressuscitée par un magicien, d'un brouillard d'or. Telle une évocation de la Ninive lointaine ou de quelque autre grande cité disparue. Et bien que l'on fût à une époque où l'esprit se traînait dans de vaines frivolités, tout ce qu'il y avait eu de grand dans la ville héroïque et sainte, faite de souvenirs de vaillance et de liberté, semblait se réveiller à l'appel du jour sonnant à l'unisson des fanfares de cuivre, comme un appel auquel se lèvent toutes les ombres d'autrefois.

Paris où tant de sang avait mêlé ses fumées à la brise du fleuve, au souffle des grands arbres de ses jardins, semblait se dégager de cette vapeur funeste et baigner ses fanges dans les ondes larges du soleil. Une sorte de rajeunissement venait à ses verdures, et même à ses pierres, de cette matinée radieuse où passait déjà la rumeur des victoires prochaines.

Le grand soulagement des consciences qu'avait fait Thermidor, s'épanouissait enfin, dans la joie universelle. Les clairons sonnaient joyeusement devant les soldats échangés entre les postes. Un bruit sourd de voitures roulant sur le pavé lointain disait que la grande activité et le mouvement vital avaient repris, par les rues, le rythme journalier. Ainsi les horizons étaient emplis de grandes images et de larges espérances et la vision y passait de tout ce qui fait de Paris le cœur et la tête du monde.

Aux pieds des promeneurs et autour d'eux c'était un enchantement plus subtil et, pour ainsi dire, familier. Avec un bruit très doux, l'eau venait se briser aux larges pierres laissant à leur mousse une furtive frange d'argent. Les bonjours des mariniers s'échangeaient de barque à barque, et les lourds chalands semblaient glisser sur la Seine, doublant leur image, avec un petit tremblotement sur les bords, dans le miroir d'argent des eaux très calmes. Les pêcheurs, jambes nues, descendaient en trébuchant sur les cailloux glissants, sous de larges chapeaux, avec des lignes qu'ils amorçaient lentement, en prenant des airs capables de justiciers de la rivière. Dans les tonnelles voisines, d'autres consommateurs étaient venus qui sablaient, en faisant claquer la langue, des argenteuils authentiques, cependant que de jolies filles en cheveux, en robes légères, riaient avec leurs galants.

Un gaillard très rondelet, très joyeux, face fleurie, entra, accompagnant plusieurs demoiselles qui riaient comme des folles. Il aperçut le compagnon de Robert, et, allant droit à lui, un large sourire aux lèvres :

— Bonjour, Papillon, fit-il.

— Bonjour, Eurotas ! répondit Papillon dont le nom est maintenant connu.

— Tu sais que ma pièce passe dans deux mois et que j'ai parlé de toi à Sageret pour le rôle..

— Merci, fit doucement Papillon.

Et le bel Eurotas, pirouettant sur ses talons, disparut en prenant les tailles de ses compagnes qui poussaient des petits oh! des petits ah! comiques, en riant comme des folles, d'un rire clair comme le bruit des verres joyeux.

Un instant de silence, puis, tous ces godelureaux s'étant éloignés avec leurs belles, Papillon, que le vin rendait très expansif, se pencha affectueusement vers M. des Aubières et lui dit, avec une politesse respectueuse :

— Citoyen, vous savez maintenant comment je m'appelle; ne pourriez-vous me faire aussi l'honneur de me dire votre nom ?

— Je suis proscrit, répondit simplement Robert, et je m'appelle le chevalier Robert des Aubières.

— Merci de n'avoir pas douté de moi! fit vivement Papillon en lui serrant les mains. Mais, au moins, êtes-vous en sûreté à Paris?

— Que m'importe!

— C'est vrai, au fait, puisque vous y veniez pour vous tuer. Mais, si vous avez renoncé maintenant, comme je l'espère, à ce projet, vous pouvez compter sur moi à la vie et à la mort!

Et Papillon tendit les mains en avant, comme un Horace, et avec une solennité involontairement plaisante dans la voix. Le chevalier le regardait avec une bienveillance croissante, une sympathie où rayonnait vraiment un commencement d'amitié. Avec une ingénuité parfaite dans l'accent, il lui demanda :

— Monsieur Papillon, vous excuserez ma curiosité; mais pourquoi, diable, un garçon qui me paraît, comme vous, avoir tout pour être heureux, avait-il pu concevoir la fantaisie de renoncer à la vie?

Papillon devint très grave.

— Une chose d'amour, citoyen!... Je veux dire : Monsieur le chevalier..., et je veux bien vous confier mon secret, parce que je vous aime déjà comme un frère. Mais ne me confierez-vous pas le vôtre ensuite?

— Cela dépend, répondit le chevalier en souriant, de ce que vous me conterez de vous-même. Mais si, comme j'en suis convaincu, tout est à votre honneur dans l'histoire de votre tendresse, je vous donne ma parole que je me confesserai aussi, à vous, avec une confiance entière.

— Et vous aurez raison, monsieur le citoyen... Non!... le chevalier. Car vous savez le vieil adage : On a souvent besoin d'un plus petit que soi. Et il se pourrait vraiment que ce petit-là fût moi pour vous. Au moins, le souhaité-je de toute mon âme !

Et l'âme de ce brave Papillon rayonnait dans ses yeux, tandis qu'il tenait ce cordial langage, une âme transparente comme l'eau d'un lac au faîte d'une montagne, une âme où, dans ses profondeurs même, descendait l'image du ciel, d'un ciel pur et sans nuées.

Le bruyant Eurotas avait proposé une partie de bateau et avait entraîné tous les clients du cabaret, et leurs compagnes, en une clameur joyeuse de petits cris qui s'étaient éteints dans le clapotement, bientôt lointain, de l'eau. Les deux amis étaient restés seuls, dans leur tonnelle, sous un bon parfum de chèvrefeuilles et de pois de senteur, dans une façon de silence très propice aux confidences et qui semblait s'abattre, sur eux, avec l'aile lourde de midi sonnant au carillon du Palais de Justice, tout là-bas, sous la lumière chaude. Le narrateur parla ainsi :

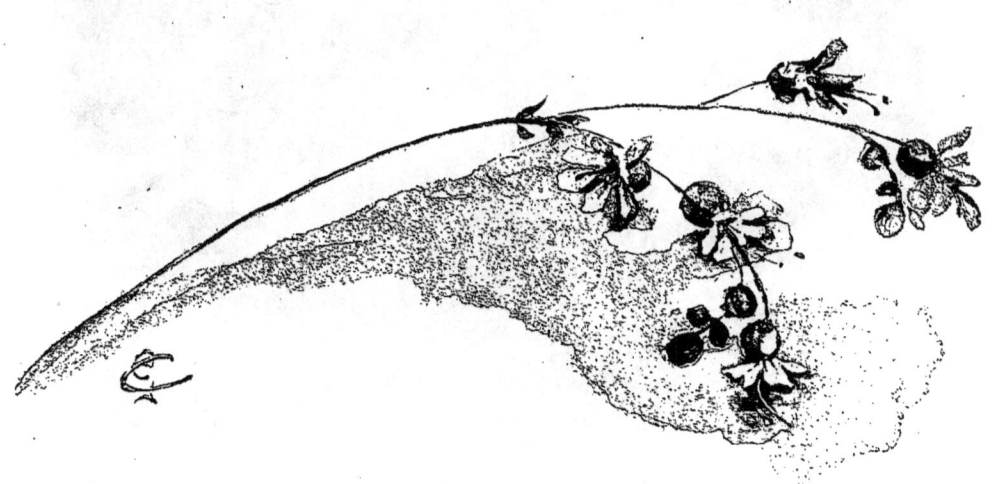

IV

— Mon nom est Papillon, comme vous le savez, et mon prénom Rémy. Malgré que l'étude que j'ai faite du théâtre, m'ait donné de grandes façons auxquelles vous avez pu vous méprendre, je ne suis pas gentilhomme, mais de très vieille roture, les Papillon ayant toujours été fort connus comme d'excellents lunetiers. Mon père a encore sa boutique dans la Cité. C'est un excellent homme, mais qui ne peut pas me pardonner d'avoir une vocation. Il voulait absolument que je fisse des lunettes comme lui. Un travail de précision! moi qui ai des crampes dans les mollets dès que je reste une minute tranquille! D'ailleurs, le sort en est jeté. Je serai comédien ou je ne serai pas.

— Comment! c'est parce que vous n'aviez pu fléchir la volonté de monsieur votre père à ce sujet, interrompit le chevalier, que vous vouliez ce matin...

— Je vous ai parlé d'une tendresse contrariée, citoyen chevalier, et non d'un dissentiment de famille. Ce n'eût pas été par goût que j'aurais voulu être comédien, que je l'eusse été par amour, pour devenir rapidement célèbre et obtenir, à force de gloire, une faveur dont un simple fabricant de besicles eût été, je le reconnais, éternellement indigne. Mais je vais vous dire bien vite comment cela m'est venu. Dans l'appartement au-dessus de la boutique de mon excellent père, qui m'a déjà donné trois fois sa malédiction, ce qui prouve que lui-même ne prenait pas au sérieux les deux premières, — par quoi je suis autorisé à ne pas m'inquiéter non plus démesurément de la troisième, — habitait, il y a déjà une dizaine d'années de cela, un avocat de province qui était venu chercher fortune à Paris. Bon patriote, bruyamment républicain, il obtint bientôt toute la confiance de mon père, qui est un parfait gobe-mouches, tout fin lunetier qu'il est, ce qui prouve que cette profession ne développe déjà pas tant le jugement! M. Barigoule.....

— Barigoule! dit vivement le chevalier à voix plus que basse. Mais Papillon l'avait entendu et vu surtout son geste de surprise.

— Au fait, vous le connaissez, poursuivit Papillon, puisque c'est chez lui que j'ai eu l'honneur de vous rencontrer. Alors, vous savez probablement quel homme c'est. Ah! pas méchant! ne parlant que d'écraser la réaction dans le sang, mais incapable de tuer un hanneton, bien que le hanneton soit une bête joliment réactionnaire. Mais ambitieux! mais vaniteux! mais gonflé de soi-même! Se croyant du génie parce qu'un tas d'imbéciles l'ont fait réussir. Avec le respect que je lui dois, mon doux père a contribué, plus que personne, à son succès. Commerçant influent dans le quartier, d'une fidélité éprouvée aux idées nouvelles, ayant dans les comités une voix toujours entendue et une influence toujours respectée, le père Papillon était bien celui qu'il fallait pour entonner la trompette devant ce futur triomphateur. Barigoule le grisait absolument avec son bavardage méridional, l'assourdissait et l'ahurissait du néant sonore de ses utopies, lui semblant, en un mot, le plus grand homme qui fût au monde. Le père Papillon, l'honneur commercial même, un lunetier qui ne vendrait pas — pour une fortune, et à un galérien — un verre imperceptiblement fêlé, mon Papillon de père aidait, naïvement, ce tripoteur dans ses entreprises les plus chimériques et à duper un tas de braves gens par de fantastiques promesses. Et le hasard, aussi coupable que mon père, bien qu'il ne fasse pas de lunettes, s'était rendu également le complice de la fortune impertinente de ce croquant! Tout lui réussissait à ce Barigoule. Son bon génie le préservait de toutes les malechances, même d'être un filou, malgré les nobles efforts qu'il faisait pour cela. L'argent lui venait de tous côtés, l'argent sacré des petites épargnes, un argent fait de sous; il le jetait au hasard en l'air, et c'est une pluie d'or qui retombait, dont il laissait rentrer seulement la poussière dans les bourses qui s'étaient ouvertes devant lui. Mais dans quelles transes je vivais, pensant qu'instinctivement papa, qui est dur pour moi, mais que j'aime tout de même, risquait d'être confondu dans le même mépris et sous le même anathème que cet aventurier!

— Et comment, hasarda doucement le chevalier, puisque vous y voyiez si clair que cela, ne cherchiez-vous pas à éclairer monsieur votre père?

— C'est la seule faute que je me reproche, reprit, avec une douleur repentie, Papillon. C'est que malheureusement je trouvais aussi mon compte à cela.

— Fi! ne put retenir M. des Aubières.

Papillon devint tout rouge. Il avait quelque chose de suppliant dans la voix.

— Je vous jure, citoyen chevalier, que vous me comprenez mal. Avoir ma part de cet argent mal gagné! Quelle horreur! Mais j'avais un intérêt puissant, bien plus fort qu'une cupidité, à ce que mon père conquît l'amitié de cet abominable Barigoule et lui rendît le plus de services possible, nous l'attachât, en un mot, par la reconnaissance. M. Barigoule a une fille.

— Allons donc! Pardonnez-moi, mon cher Papillon!

Et le chevalier tendit les mains au jeune homme qui poursuivit ainsi:

— Oui, une fille adorable, mademoiselle Angèle, qu'il voulait appeler Véturie, mais qui ne l'a jamais souffert; une créature exquise et douce et qui lui ressemble si peu, que si un tel trésor de pureté n'avait eu certainement pour mère une sainte, j'aimerais à croire qu'il n'est pour rien dans l'épanouissement de tant de grâces! Elle a des cheveux blonds qui sont comme une poussière d'or, des yeux qui ne sont ni bleus ni bruns, mais couleur de rêve, une bouche en fleur d'où ne sortent que de douces et consolantes paroles. On ne la croirait pas de la terre, mais du ciel, tant est séraphique sa marche et harmonieuse sa voix; c'est comme un agenouillement de toutes les choses autour d'elle quand elle passe. C'est comme un éblouissement de mes regards quand je la vois !...

— Je gage que vous en êtes amoureux...

— Je cherchais à vous le cacher pour ne la pas compromettre. Mais en quoi serait-elle flétrie d'une tendresse aussi pure que la mienne? Il y avait des moments où je n'osais même pas concevoir la pensée qu'elle devînt un jour ma femme, où l'idée de vivre seulement dans son ombre, comme une plante, comme un chien, me semblait déjà le plus grand bonheur que je puisse rêver! Au jour où je l'avais vue, qu'elle dût ou non être un jour à moi, elle était devenue toute ma vie. Le Barigoule n'était pas encore riche, en ce temps-là, comme maintenant ; car vous ne vous doutez pas comme est beau et somptueux l'hôtel qu'il habite.

— Si ! je m'en doute, répondit mélancoliquement le chevalier.

— Et qui est à lui...

— Oh! oh! ne put s'empêcher de murmurer M. des Aubières.

— Le Barigoule était encore abordable, et mon père, qui ne désapprouvait pas mon dessein, souhaitant ardemment pour bru la fille d'un si grand homme, s'en était ouvert franchement à lui.

— Avant que vous ayez consulté le sentiment de mademoiselle Angèle?

— Elle était si douce avec moi que je voulais croire que je ne lui déplaisais pas, et elle m'en imposait tellement que je n'aurais jamais osé lui avouer ma tendresse. Ce fut son propre père qui, après avoir causé avec le mien, se chargea de cette émouvante communication. J'eus le bonheur de m'apercevoir qu'elle en parut joyeuse. M. Barigoule avait encore beaucoup de services à demander à cet innocent père Papillon, qui continuait à polir éperdument ses lentilles, cependant que son protégé acquérait le droit de le mépriser un jour. Il fit semblant d'entrer absolument dans nos projets. Mais nous étions trop jeunes l'un et l'autre! Le temps de se faire donner encore quelques coups d'épaule dans la popularité! Moi je ne pouvais croire à tant de perfidie et j'étais ravi, positivement.

Ah! ce temps fut le plus délicieux de ma vie. On nous laissait nous voir tant que nous le voulions. L'enhardissement ne m'était pas encore venu de dire à Angèle des paroles d'amour; mais je savourais le bonheur de vivre, auprès d'elle, les meilleures heures du jour et d'emporter, le soir, en la quittant, les plus encourageants souvenirs. Toutes les joies inconscientes, instinctives, d'une intimité faite ici de respect et là d'innocence, étaient miennes. Il me suffisait de respirer le même air qu'elle, de lire la moindre de ses pensées, d'obéir au moindre de ses caprices, de rêver tout bas en parlant des choses les plus indifférentes! M. Barigoule était si fort pris par ses ambitions et ses affaires, qu'il ne s'occupait guère de sa fille. Aussi nous était-il permis, sans qu'on en jasât dans le quartier, où Angèle était adorée, de faire ensemble de courtes promenades par des printemps comme celui-ci, dans les rues pleines de fleurs. Et ce temps qui, pour tant de malheureux, était celui de la grande tourmente et des angoisses suprêmes, passait, pour nous, comme un enchantement; nos yeux étaient si fort levés vers le ciel et vers les étoiles, que la rumeur sinistre des échafauds ne montait pas jusqu'à nous. Qui se demande, quand il aime, d'où vient la pourpre des roses qu'il offre à la bien-aimée?

La grande fièvre venue, à tout le monde, de la terreur qu'inspiraient les triumvirs avait éteint celle des spéculations, et, malgré le concours aussi dévoué que naïf que continuait à lui prêter mon père, M. Barigoule n'était encore arrivé qu'à une médiocre fortune. Mais Thermidor, en faisant taire la peur, en réveillant tous les appétits de jouissances et de plaisirs, rendit aux tripoteurs toute leur action sur un public qui se moquait bien de perdre son argent, ayant sauvé sa tête. M. Barigoule profita plus que personne de cette ardeur de tous vers le luxe et les faveurs du hasard. En deux ans, il avait réalisé d'assez beaux bénéfices pour changer complètement de manière de vivre. Ses façons avec mon père et avec moi ne se modifièrent pas moins. Sans nous éloigner précisément, il nous manifesta un désir beaucoup moins vif de nous voir souvent. Le père Papillon, qui a sa vanité, fut le premier à s'en apercevoir et à s'en froisser. Moi, j'avais mille raisons de me montrer moins susceptible, dont la meilleure était que tout m'était indifférent, pourvu que le bonheur de voir Angèle ne me fût pas refusé. C'est vers ce temps que le financier enrichi acheta, à fort bon compte, cet hôtel des Aubières, ayant appartenu à un émigré dont les biens avaient été vendus, et où nous avons fait connaissance. Il l'emplit d'un luxe où sa fille, de goûts simples dans leur distinction naturelle, ne semblait pas moins dépaysée que moi. Ce ne fut plus, pour nous, durant mes visites, la bonne solitude d'autrefois, mais un va-et-vient de domestiques insupportables, un roulement continuel de carrosses dans la cour, mille devoirs de société imposés à mademoiselle Barigoule et dont les apprêts troublaient jusqu'au recueillement des heures qui nous étaient laissées.

Je ne pouvais croire cependant que rien fût changé à nos projets d'avenir. Angèle n'était devenue que plus compatissante à ma tendresse et plus affectueuse avec moi. Son père lui avait donné une gouvernante que, fort adroitement, elle lui avait demandé à choisir elle-même. Madame Pitonnet, veuve d'un excellent patriote, est une très brave femme et aussi peu gênante qu'il se puisse trouver, ayant l'ouïe aussi détestable que la vue, et nul autre souci, au fond, que ses petites aises de vieille ayant beaucoup souffert; car il paraît que l'excellent patriote n'était pas toujours commode à vivre. Très bonne, d'ailleurs, romanesque en diable, sachant la *Nouvelle Héloïse* par cœur et qu'avec la finesse particulière aux jeunes filles les plus pures, Angèle, sans la moindre confidence, sut intéresser à nos amours. Elle devint ainsi pour nous une protectrice bien plutôt qu'une geôlière. Je goûtais ce bonheur calme, sans rien craindre de l'avenir, et ne demandant rien de plus pour le présent.

C'est mon père qui m'ouvrit les yeux. Dans un sentiment plus goguenard qu'affectueux, il me prévint que mademoiselle Barigoule ne serait vraisemblablement pas mon fait, et que son père avait certainement changé d'idée sur le mari qu'il lui voulait. Ce me fut une angoisse terrible qu'Angèle rassura en me jurant de n'être jamais la femme d'un autre. Ce fut le dernier moment de bonheur qui me fut donné. Le doute était en moi, terrible, despotique, empoisonnant toutes mes joies. M. Barigoule, que je voyais fort peu, me traitait, à l'occasion, avec une familiarité un peu méprisante, mais où je voulais voir encore les façons naturelles à un homme mal élevé qui vous a connu tout enfant. L'incertitude n'était plus tolérable pour moi. Elle devenait chaque jour plus cuisante, d'une jalousie vague, absurde, mademoiselle Barigoule étant, me disait-on, très fêtée dans le monde où je n'allais pas. Je pris à deux mains mon courage, et, profitant d'un moment de grosse bonne humeur de celui qui tenait dans ses mains ma destinée, tout tremblant, des larmes dans les yeux, je lui demandai si je pouvais toujours espérer... Je n'eus pas le temps d'achever. Il partit d'un abominable éclat de rire. Ironiquement magnanime, il ne me défendit même pas de revoir sa fille ; mais il m'avertit charitablement qu'il ne la donnerait pas à un petit manant de mon espèce. Oui, chevalier, ce vieux drôle avait déjà le mot de « manant » dans la bouche et trouvait l'accent d'un Montmorency pour le jeter à la tête des vilains !

Une buée chaude me monta au visage, une colère dont je ne me sentais pas le maître. Mais c'était le père d'Angèle. Je ne répondis pas un mot et sortis. Elle attendait, impatiente. A mon visage bouleversé, elle devina la vérité bien vite. Mais elle renouvela son serment. « Je ne serai jamais qu'à toi », me dit-elle. Et sa voix vibrait comme je ne l'avais jamais entendue, et mon cœur en était comme secoué dans ma poitrine. Je pris sa main que je portai, pour la première fois, à mes lèvres, et qu'elle m'abandonna. Je lui demandai si je devais profiter du droit dédaigneux qui m'avait été laissé de lui continuer mes visites. Elle m'en pria avec des supplications dans l'accent : « Je serais trop malheureuse ! », me dit-elle.

Et je continuai de la voir tous les jours, mais non plus avec la même joie tranquille. Le poids de mes espérances brisées me courbait le front devant elle. Je me faisais honte à moi-même d'avoir accepté, avec tant de lâcheté, cet inutile bonheur. Ce qui avait été ma seule joie devenait mon plus cruel martyre. Et, cependant, elle avait, pour m'encourager, de bien douces paroles et semblait, elle, plus résolue que jamais dans ce qu'elle avait deux fois juré. Une folie me vint dans l'esprit. Si je pouvais l'enlever !

Maintenant, je me fais horreur d'avoir seulement conçu cette pensée. Et qu'aurais-je fait d'elle! Je ne lui en écrivis pas moins une lettre où je lui disais cette espérance insensée, une lettre où j'avais mis toute les fièvres d'une longue nuit d'insomnie. Dans la visite que je lui fis le lendemain, je n'osai dire un mot de cela, je n'osai même lui remettre moi-même ma suppliante épître. J'en chargeai l'excellente madame Pitonnet, qui, ayant aussi à remettre à M. Barigoule un papier d'importance, les confondit et lui remit ma lettre. M. Barigoule entra dans une colère épouvantable. Il me fit venir et me signifia mon congé, comme au dernier des laquais. C'était hier, chevalier, que se passaient ces choses. Angèle, retenue dans sa chambre, ne put même me dire adieu.

Alors, la sentant bien perdue à jamais pour moi, après une veillée terrible et avec des larmes dans les yeux, de la douleur que j'allais causer à mon père, je pris la résolution de mourir, et de mourir là où j'avais vu Angèle pour la dernière fois, là où elle m'avait fait son premier serment. Et voilà pourquoi j'avais enjambé le mur du jardin de l'hôtel où j'ai eu le plaisir de faire votre connaissance et où nous avons failli nous faire couper la gorge l'un par l'autre si galamment.

Robert tendit la main à son interlocuteur.

— Je vous dirai aussi mon histoire tout à l'heure, fit-il, car votre récit vous a fait, de moi, un ami à qui je puis tout confier. Je suis le chevalier Robert des Aubières, dont M. Barigoule occupe la maison maintenant.

Papillon se leva avec un geste de respect tout à fait comique par son ahurissement.

— Pardon, dit-il, citoyen chevalier, d'être entré chez vous sans votre permission !

M. des Aubières l'avait déjà forcé à se rasseoir et répondit, avec un sourire de tristesse :

— Vous y étiez chez vous, mon cher Papillon, aussi bien que moi. Mais pourquoi, diable, me vouliez-vous charger de cette besogne de vous envoyer *ad patres*, au lieu d'y aller vous-même? Je ne me serais jamais consolé d'avoir tué un aussi brave garçon que vous.

Papillon parut éprouver un certain embarras à répondre, puis avec une franchise charmante :

— C'est parce que, au dernier moment, je ne me suis pas bien sûr d'avoir le courage de m'entrer au corps mon épée. Il me faisait froid... J'avais beau me réciter des vers de Corneille! J'aurais pu me manquer, tandis que vous, vous aviez l'air si résolu, vous m'avez tout de suite inspiré confiance.

— Merci! C'est à mon tour maintenant de ne vous rien cacher de l'aventure qui nous a réunis.

Et le chevalier conta sa lamentable histoire à Remy Papillon qui l'écouta avec des attendrissements et des colères où se lisait une véritable amitié. Quand le narrateur fut au bout de son récit :

— Ah! chevalier, fit-il, il ne faut maintenant mourir ni l'un ni l'autre, mais bien nous entr'aider pour triompher du mauvais sort. Disposez de moi. Vous m'avez sauvé la vie en ne me tuant pas quand je vous le demandai. Elle est à vous.

— Vous m'avez rendu le même service, fit le chevalier, mais je ne sais si je vous en dois remercier. Néanmoins, moi aussi, je vous suis dévoué corps et âme et serais heureux de donner mon sang pour vous servir.

Et d'un mouvement de cordialité impétueuse, s'étant levés en même temps, ils se donnèrent une accolade dont leurs joues demeurèrent mouillées un instant.

Il était près de quatre heures. Paris, si mobile dans ses aspects, avait revêtu une autre parure. Le soleil, en déclinant, y avait allongé les ombres des monuments dans une façon de vapeur bleue que traversait, par les rues s'ouvrant vers l'occident, une vibrante poussière d'or. La lassitude méridienne avait fait place à un renouveau d'activité. Dans les petites voitures ambulantes, les fleurs, en commençant à se flétrir, avaient un parfum plus pénétrant, une odeur plus douce. Les visiteurs commençaient à revenir dans les tonnelles pour boire frais et rire, en attendant l'heure du dîner. Les deux amis se levèrent, payèrent leur écot et sortirent ensemble, ayant encore bien des choses à se dire.

V

Traversant un bras de Seine, ils remontèrent vers le jardin du Luxembourg. Ils marchaient dans cette foule indifférente, banale, comme fortifiés et rendus à l'espoir par la double confidence qui avait scellé leur amitié. Le jardin était plein de promeneurs; mais ils trouvèrent un banc où la lumière plus oblique, la lumière déjà violacée du couchant et qui change le ciel, à l'horizon, en un jardin de cyclamens, ne piquait plus, devant eux, que quelques flèches d'or à travers les frondaisons profondes des grands arbres. Ils gardaient tous les deux le silence et ne se regardaient pas. C'est que le même sentiment du réel leur venait à l'esprit après l'instable audace du rêve. Ils s'étaient bien promis de se servir l'un l'autre à la vie et à la mort. Mais comment le pourraient-ils faire et que pouvaient-ils l'un pour l'autre? Papillon qui, plus que le chevalier, avait l'illusion facile, sortit le premier de ce mutisme :

— Bon courage, chevalier ! fit-il, en prenant la main de Robert. Je retrouverai mademoiselle Laure de Fréneuse.

Le chevalier hocha tristement la tête.

— Je l'ai bien cherchée partout, fit-il, et je ne l'ai pas trouvée.

— C'est que vous n'êtes pas comme moi, répondit vivement et avec une vague fierté Papillon, un enfant du vieux Paris. Moi, j'y connais tout le monde. Curieux de ma nature, aimant les choses du passé, très musard de tempérament, comme disait mon père, il n'est pas de quartier que je n'aie exploré et où je n'aie des amis. Il faut, d'ailleurs, qu'un comédien étudie la vie sur le fait et sous ses aspects les plus pittoresques, les gens de tous les mondes. Tous les bouquinistes du quai, tous les revendeurs du Temple, tous les équilibristes en plein vent, tout ce qui vit de la bohème, connaît Remy Papillon. Ah ! j'ai des connaissances dont mon père ne serait pas bien flatté. Je peux dire que la police en sait moins que moi sur bien des choses. Je vous dis que je trouverai.

— Et de quoi vivrai-je pendant ce temps-là ? soupira le chevalier.

— Mais nous vivrons ensemble ! Le père Papillon ne me laisse pas sans ressources.

— Permettez, mon cher Papillon, mais je ne puis accepter...

— Vous y mettez de la fierté ! Vous avez tort et vous me faites une grande peine. Eh bien, soit ! Tenez, vous avez au côté une épée qui, par la belle ciselure du pommeau, ne vaut pas moins que cinquante écus. Je m'y connais et je sais un brocanteur qui vous les donnera tout à l'heure, si vous voulez. Mais il faut me laisser marchander. Je vois que cela vous peine de vous en séparer ? Eh bien ! je vous donnerai la mienne, qui m'a coûté six francs. Un comédien n'a pas besoin d'une épée comme un gentilhomme. Pour ce que j'en fais ! Changeons.

Et cela fut dit avec une cordialité si grande que Robert, attendri, ne se sentit pas le courage de refuser.

— C'est comme si vous aviez déjà les cinquante écus dans votre poche, et peut-être soixante, lui dit l'excellent Papillon, en admirant l'arme avec des extases comiques. Une monture italienne du XVIe siècle, et signée Rudolphi !

Mais c'est un trésor que vous aviez là! On en aurait obtenu mille écus d'un imbécile comme M. Barigoule en lui disant que c'est une épée historique. Mais peu importe : que vous le vouliez ou non, chevalier, nous n'avons plus, à nous deux, qu'une même fortune, et, comme vous l'avez pu voir tout à l'heure, je suis en passe de gagner beaucoup d'argent.

Robert regarda avec étonnement Papillon, qui croisait, avec un geste de millionnaire, une de ses jambes sur l'autre et plongeait la main dans sa poche comme pour y secouer des pièces d'or. Comme il se taisait, Papillon reprit :

— Vous n'avez donc pas entendu ce que m'a dit Eurotas?

— Qui ça, Eurotas?

— Eurotas le poète, ce gros garçon joyeux que nous avons vu au cabaret, qui était avec de jolies filles, et qui est venu me serrer la main! Eurotas, tel que vous l'avez vu, réussit, dans l'élégie, à faire pleurer les plus insensibles. Mais il cultive tous les genres avec un pareil talent. Il fait des petits bouquets rimés aux dames, dont elles tombent en pâmoison reconnaissante. Il est auteur dramatique aussi, de l'école de Voltaire ; il a fait une tragédie : *Déidamia, reine des Amazones,* qu'a promis de lui jouer le célèbre Sageret qui, tout seul, dirige cinq théâtres, dont le Théâtre-Français et le théâtre Feydeau. Il paraît que les choses sont très avancées. Il est temps d'ailleurs, car voilà bien quatre ans que, tous les mois, Sageret doit mettre sa pièce en répétition. Un vrai chef-d'œuvre, où j'ai le principal rôle, le rôle de Nicéphore, le seul rôle d'homme de l'ouvrage. Nicéphore est un héros grec tombé, comme Ulysse chez Circé, dans l'île des Amazones, et dont toutes ces guerrières deviennent amoureuses.

Robert ne put contenir un sourire qui lui pinça les lèvres. Papillon s'en aperçut :

— Ah! cela ne vous semble pas vraisemblable, chevalier, à cause de mon nez. Mais vous ne savez pas comme le grimage m'embellit et quelle majesté me donne le costume! Quand je suis, sous ma tunique grecque, devant ma glace, avec un court glaive au côté, je m'en impose à moi-même, et c'est tout au plus si je m'ose donner l'ordre de ne me plus regarder.

Cette création de Nicéphore me rendra absolument célèbre. On paye les comédiens des prix fous, maintenant, beaucoup plus cher que les généraux. Nous verrons, après mon triomphe, si M. Barigoule ne regrette pas d'avoir dédaigné le *qualis artifex,* comme disait Néron, que j'ai failli périr !

Et Papillon, se grisant de ses propres paroles, s'abandonnait aux visions de gloire qui lui étaient toujours venues du théâtre seulement.

— Oui, tous ceux, continua-t-il, qui me connaissent, auront une fière surprise. Ainsi ce petit défaut de prononciation que vous avez remarqué peut-être chez moi, chevalier, et que les superficiels prennent pour un zézaiement, se transforme en une vibration formidable quand je prononce les vers. Je mets, comme Démosthène, quelques petits cailloux dans ma bouche, pour éclaircir et fortifier tout ensemble ma prononciation, pour me caler la voix, dirai-je, et les alexandrins héroïques y résonnent, y mugissent comme une vague lourde de galets. De près ce n'est pas agréable, mais de loin ! Eurotas me dit qu'on n'a rien entendu de pareil depuis le temps où les acteurs antiques parlaient à travers un porte-voix.

Et Papillon imita le murmure du flot en bafouillant quelques hémistiches du rôle de Nicéphore, tandis que le chevalier enviait cet homme à qui un enthousiasme de métier pouvait faire oublier un instant les douleurs immortelles de l'amour. Papillon poursuivit :

— Il faut d'ailleurs que vous connaissiez Eurotas. C'est un de mes plus anciens compagnons d'enfance, un de mes plus fidèles amis, et il pourra nous servir beaucoup dans notre dessein de retrouver mademoiselle de Fréneuse. Il s'appelle de son vrai nom Thomas Pincebourde, mais il a trouvé que, pour un poète, le nom d'Eurotas, tout imprégné de grâce antique, valait mieux, et il a eu raison. Mais, comme le père Papillon, le père Pincebourde, de son état confiseur, était de bonne petite bourgeoisie commerçante ; et, comme moi, Eurotas a été élevé dans de bons sentiments d'honnêteté qui permettent de se fier à lui comme à un autre moi-même. Cette grande probité naturelle et fortifiée par des traditions de famille lui a valu, comme à moi, d'être maudit de ses parents. Il a osé franchement être poète comme je veux être loyalement comédien, au lieu de faire des vers ou d'en débiter sournoisement, ainsi que l'auraient fait de petits hypocrites soucieux d'hériter. C'est ce goût commun pour l'indépendance qui nous a tout de suite liés. En voilà un qui connaît son Paris et qui nous sera un guide ingénieux et sûr ! Comme moi, il travaille sur le vif ; il étudie sur nature. Il en est presque vagabond. Ainsi nous nous voyons presque tous les jours, et je n'ai jamais pu savoir précisément où il demeure. Mais je sais des endroits où l'on a mille chances de le rencontrer. Dès demain matin...

— Mon cher monsieur Papillon, interrompit sur un ton légèrement refroidi le chevalier, je vous serai obligé de garder pour vous les confidences que je vous ai faites.

Papillon eut dans les yeux un ineffable regard de reproche et de douleur :

— Les noms que vous m'avez dits, chevalier, me sont sacrés comme le vôtre. Eurotas n'a besoin de rien savoir pour me renseigner utilement. D'ailleurs, je vous avoue que c'est en même temps pour moi que je désirais le rencontrer et causer avec lui. Il y a un vers de Nicéphore qui ne me paraît pas clair, et maintenant que nous allons mettre la pièce sur pied...

— Pardon ! fit le chevalier. Mais si nous causions un peu aussi de la façon dont je pourrai vous aider à retrouver celle que vous aimez.

— Oh ! c'est bien simple, reprit Papillon. M'aider d'abord à remporter un immense succès dans *Déidamia, reine des Amazones*. Quand je serai arrivé, du premier coup, au faîte de la renommée, je tenterai une nouvelle démarche auprès de M. Barigoule, et si elle échoue...

— Eh bien !

— Vous m'aiderez à enlever mademoiselle Angèle.

— De son consentement à elle, au moins ?

— Certes, mais j'en suis sûr par avance, parce que je suis sûr de son cœur. D'ici là, peut-être, aurons-nous quelque danger à courir, l'un et l'autre, pour lui faire parvenir de mes nouvelles et recevoir des siennes. Et ce sera plutôt l'affaire d'Eurotas. Mais quand il faudra en venir au coup de force.....

— Vous pouvez compter sur moi, mon ami, fit le chevalier, avec une fermeté douce.

Et les deux amis se serrèrent la main, avec le même serment muet de fidélité et de dévouement sur les lèvres.

Le jour était devenu légèrement crépusculaire déjà, et, dans cette clarté d'apothéose douce, le grand jardin du Luxembourg avait revêtu un singulier caractère de mélancolie. Estompés dans une façon de brume où ne passaient plus que quelques lumières roses par bouffées, les arbres, en longues allées, semblaient des fantômes à travers le lourd bruit d'ailes des pigeons regagnant leur nocturne perchoir. Les statues aussi, debout sur leurs piédestaux, semblaient s'animer d'une vie mystérieuse dans le parfum vague des parterres, d'où le bourdonnement confus des phalènes allait s'envoler. Et, tout petits, entre ces hêtres géants et ces images surélevées, les vrais vivants, les derniers promeneurs, passaient comme des fourmis, frôlant les bassins où pleuraient les jets d'eau s'éclairant, au faîte, des dernières lueurs du couchant. Un vague clignotement d'étoiles était tamisé par l'azur pâle du ciel admirablement pur, dont les bords étaient vaguement teintés de topaze. Dans les allées lointaines, des tambours faisaient serpenter la retraite.

Mais nos deux amis ne se levèrent pas tout de suite.

Une indicible impression de poésie leur était venue de ce spectacle. Dans ce déclin de la journée ils voyaient passer, frémissant avec le panache des grands arbres, ouvrant les ailes avec les derniers pigeons, bourdonnant avec les premières phalènes, rayonnant dans le regard insensible des étoiles et pleurant dans les larmes des jets d'eau, leurs espérances, tous les vœux, tous les rêves dont leurs âmes, vraiment éprises, étaient emplies. Tout ce monde qui s'évanouissait dans l'ombre enveloppante et se teignait des lumières mourantes du jour, c'était les illusions dont ils avaient si doucement vécu, dont ils avaient failli mourir. Bientôt, sur cet horizon fantastique, un spectre plus doux se leva pour chacun d'eux, un spectre qui leur souriait avec une grâce triste et surhumaine : sous les yeux à demi clos de Robert, l'image de Laure de Fréneuse grandie, dans l'épanouissement de sa beauté de jeune fille et qui lui tendait, de ses mains diaphanes, une rose rouge de sang ; dans l'esprit de Papillon, sous son front redevenu pensif, la figure d'Angèle, toute nimbée, comme une sainte de missel, de sa chevelure blonde, avec une rose blanche aux doigts, la première fleur qu'il lui avait donnée et qu'elle lui montrait fidèlement conservée! Et des voix chantaient aussi à leurs oreilles, les voix des bien-aimées : celle de Laure grave, avec un cantique aux lèvres ; celle d'Angèle joyeuse, avec un joli refrain de trouvère qu'il lui avait appris autrefois.

Et le tambour se rapprochait, avec un grouillement de gamins qui suivaient la retraite, ridiculement accoutrés comme de petits incroyables, avec de grands chapeaux en papier et de hautes cannes taillées dans les massifs municipaux.

Quand ils se regardèrent, pour se donner, l'un à l'autre, le signal du départ nécessaire, tous deux avaient des larmes dans les yeux. Quand ils les levèrent en même temps au ciel, leurs mains s'étant unies, un beau croissant de lune, d'une blancheur d'argent, semblait voguer sur une écume de petites nuées, et il leur parut que c'était la barque qui portait leur espérance qu'un souffle du ciel faisait passer devant eux.

Au sortir du Luxembourg, ils soupèrent frugalement, et, dans la maison où il avait installé ses lares célibataires, — le père Papillon ayant déclaré qu'il ne voulait plus chez lui d'un héritier qui déclamait des vers toute la nuit avec des mugissements de trombonne, — Papillon fils trouva pour le chevalier Robert des Aubières une chambre voisine de la sienne, dans laquelle il l'installa de son mieux.

— Reposez-vous et faites la grasse matinée, dit-il à son hôte, car il faut que j'aille voir Eurotas demain avant le déjeuner.

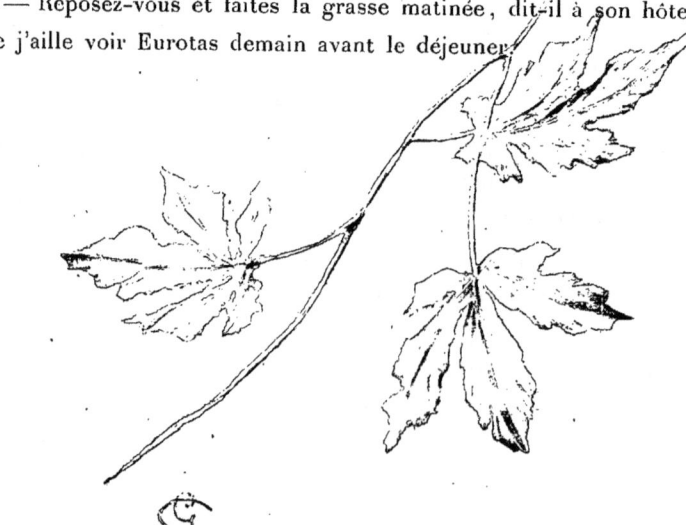

VI

Tout près de l'angle de la rue Croix-des-Petits-Champs, la maison qui portait alors le numéro 91 de la rue Saint-Honoré avait tout son rez-de-chaussée occupé par une boutique de modiste, laquelle était certainement une des plus élégantes de Paris et le rendez-vous des dames les plus coquettes. L'enseigne portait en lettres d'or, qui semblaient peintes d'hier, cette épigraphe : *Aux Neuf Muses*. On pouvait lire au-dessous le nom de la patronne : Cornélie Migoulette. Derrière la vitrine, à la devanture, toutes les coiffures à la mode s'étageaient dans un ruissellement de fleurs, de plumes et de rubans. Aucune époque n'en présenta une variété pareille : la série des bonnets d'abord : bonnet à la Paysanne, bonnet Despaze, bonnet Pierrot, bonnet à la Folle, bonnet à la Déesse, bonnet à la Frivole, bonnet à l'Esclavonne, bonnet à la Nelson ; celui-ci relevé de vingt plumes bleues, cet autre chiffonné de crêpe lilas, deux rangs de perles badinant sur cet autre, un fichu rose faisant le fond de ce dernier. Puis la flore des chapeaux qui n'était pas moins variée : chapeau à la Primerose lié d'une fanchon négligente, chapeau Ruban, chapeau rond à l'Anglaise, chapeau à la Glaneuse, chapeau Spencer, chapeau Castor, chapeau Lisbeth baptisé par la comédienne Saint-Aubin, chapeau à damier concernant un souvenir électoral, enfin chapeau rajeuni de fleurs odoriférantes, un véritable jardin dû au génie de l'horticulteur Wenzell.

Derrière toutes ces merveilles, de jolies filles chiffonnant les échantillons et s'empressant autour des pratiques ; fort guettées, à travers les carreaux, de tous les muscadins auxquels elles apparaissaient comme à travers un parterre. Mais ce matin-là, un matin de lundi, bien qu'Antoine, le garçon de magasin, eût depuis longtemps rangé les volets, l'intérieur de la boutique était vide. Vers neuf heures seulement une première demoiselle y descendit en s'étirant les bras ; puis une autre la suivit, réprimant un bâillement à ses jolies lèvres ; et, avec une nonchalance parfaite, se laissèrent-elles tomber sur des chaises, en attendant leurs compagnes qui se succédèrent avec un entrain décroissant. D'ordinaire si babillardes, que c'était, dans la boutique, comme l'intérieur d'une cage, elles se parlaient à peine et leurs discours étaient aussi brefs qu'on les pût rêver. — Uranie, passez-moi ce chapeau, je vous prie. — Melpomène, ne me laissez pas oublier la commande de madame Migu. — Eutrope, vous allez marcher sur ce ruban. — Passez-moi donc quelques épingles, Calliope.

Jamais le Parnasse, d'héroïque mémoire, n'avait entendu des idées de cet ordre bourgeois mêlées à ses noms glorieux. Et tout cela ressemblait à un réveil très paresseux dans le château de la Belle au bois dormant. — Heureusement que mademoiselle Polymnie est aussi en retard, observa mademoiselle Calliope. Et mademoiselle Eutrope répondit : — C'est encore cette chipie d'Erato qui lui fait perdre son temps — Ciel ! Madame ! fit en s'empressant autour d'un ouvrage imaginaire mademoiselle Uranie.

Madame Cornélie Migoulette fit une entrée sévère : — Ce sera tous les lundis la même chose, n'est-ce pas, mesdemoiselles ? Impossible de vous faire lever ! Et mademoiselle Polymnie ? Et mademoiselle Erato ? Encore votre M. Eurotas, qui vous aura menées danser jusqu'à trois heures du matin ! Ce que je vais vous mettre ce ménétrier à la porte !

Mademoiselle Polymnie entra, ayant, appuyée à son bras, mademoiselle Erato, un peu pâle.

— Vous nous excuserez, madame, toutes les deux, fit la première, qui semblait exercer une façon d'autorité sur toutes les autres, mais Erato a été très souffrante et j'ai dû l'aider à s'habiller.

— Ce que c'est que de trop danser ! fit avec humeur madame Cornélie Migoulette.

— Je ne danse jamais, madame, dit d'une voix très douce, mademoiselle Erato, et Polymnie et moi nous étions rentrées de bonne heure.

— C'est gentil pour ses camarades ! murmura mademoiselle Euterpe, qui affirmait décidément ses sentiments fâcheux à l'endroit d'Erato.

— C'est bon ! c'est bon ! reprit, sans s'adoucir, madame Migoulette. Mais il faudra que tout ça change, et je n'engage pas ce polisson d'Eurotas à mettre les pieds ici de longtemps.

Elle n'achevait pas ces mots que la porte s'ouvrit vivement sur une physionomie tout à fait riante, et qu'un aimable garçon que nous avons déjà rencontré la veille, au cabaret de l'île Saint-Louis, fit son apparition en tournoyant sur ses hauts talons. Le poète Eurotas avait la prétention de suivre la fashion de son temps, et sa tenue était la plus irréprochable du monde à quelque heure du jour qu'on le rencontrât. Il réalisait, sur sa cravate l'emprisonnant jusqu'au menton, l'idéal ainsi défini dans un pamphlet du temps : un saucisson de Boulogne posé sur un piédestal. Il était bien « face tombant dans les poches du gilet, menton tombant dans la cravate, culotte tombant dans les mollets », comme les élégants de ce temps ont été décrits par les caricaturistes. Ajoutez à cela des lunettes mises à la mode par les avocats du tiers de 1789 et qui se portaient bien à cheval sur le nez, et un gourdin, entre les doigts, qu'il avait fait tailler au plein cœur d'un laurier.

Toutes les couleurs tendres se mariaient sur ses habits, dont les boutons luisaient en constellation. Il avait l'air fort content de lui-même, sans ressembler cependant ni à un fat, ni à un sot. Il fit claquer son chapeau sous son aisselle en tirant une belle révérence à la compagnie. Mais il y avait certainement de l'orage dans l'air, car il ne fut pas accueilli, comme tous les jours, par une foule de petits cris joyeux où le nom d'Eurotas était répété avec les plus aimables adjectifs. L'intrus ne s'émut pas de cet accueil.

— Bonjour, citoyenne Migoulette, fit-il en s'avançant vers la patronne offensée, qui, d'un ton très sec, lui répondit : — Je vous serai obligée, monsieur Eurotas, de nous dispenser dorénavant de vos visites. — Et pourquoi donc, citoyenne Migoulette ? reprit Eurotas d'un air contrit et innocent. — Parce que vous avez mené encore hier soir ces demoiselles, et malgré ma défense, à Idalie. — Je vous jure, madame Migoulette !... — J'y étais. — Eh bien alors ? — J'y étais pour m'assurer que vous me désobéissiez. — Si ce cher M. Beaugugignon avait pu le deviner... — Assez, monsieur, interrompit madame Migoulette très rouge, et veuillez prendre la porte.

A cette invitation, scandée par un geste plein de majesté, Eurotas prit tranquillement une chaise et s'assit, ce qui amena un imperceptible bourdonnement de plaisir aux lèvres en fleurs de ces demoiselles, visiblement inquiètes et attristées un moment auparavant. Eurotas croisa, l'une sur l'autre, ses jambes chaussées de bottes *à la Lenthraud,* posa sur le bout de son pied le bout de son gourdin, et d'une voix très calme :

— Vous n'avez pas réfléchi, citoyenne Cornélie Migoulette, que je suis la fortune de votre maison.

— En débauchant mes ouvrières et en leur faisant perdre leurs journées à écouter vos calembredaines ?

— Vous traitez un peu légèrement les enfants de mon génie, citoyenne Cornélie Migoulette. Et si vous saviez ce que je viens encore de faire pour vous !

— Je ne veux pas le savoir et vous en tiens quitte.

— Ingrate ! Ce n'était pas assez d'avoir donné quelque originalité à votre maison et d'en avoir fait une véritable succursale de l'Hélicon, en débaptisant ces demoiselles des vocables bourgeois dont leurs parents les avaient affublées, et en leur donnant les noms des neuf Immortelles !

— Joli succès! Maintenant je ne m'y reconnais plus. Jeanne! Sophie! Marie! Joséphine! Ces noms-là me venaient tout seuls à la bouche; tandis que vos Euterpe, vos Polymnie, vos Calliope...

— Ne blasphémez pas, citoyenne Cornélie. Et cette enseigne, laquelle, répandue depuis trois jours, tient tous les passants confondus devant votre porte? Vous regrettez peut-être le : *Au Chapeau Primerose,* qu'on y lisait auparavant? Si vous saviez cependant ce qu'enragent toutes les autres modistes de Paris! Par ce temps mythologique, il n'est pas une femme de quelque qualité, demain, qui ne se voudra faire coiffer aux Neuf Muses! Eh bien! ce n'est pas tout, citoyenne Migoulette, j'ai encore trouvé quelque chose de nouveau.

— Vous me faites peur.

— Et qui augmentera encore la notoriété de votre maison. J'ai composé un quatrain pour chacune de ces demoiselles, et mes neuf quatrains seront imprimés tout vifs dans l'almanach que je publie tous les ans, et j'y donnerai, à cette occasion, l'adresse de votre boutique.

— Ça, c'est plus gentil! fit madame Migoulette, d'un ton radouci.

— Les quatrains! les quatrains! dirent en chœur ces demoiselles, enhardies par le changement subit d'humeur de leur maîtresse.

Et sous le regard moitié riant, moitié impatienté de celle-ci, elles firent cercle autour d'Eurotas qui, avec infiniment de joyeuseté dans le geste, tira un rouleau calligraphié de dessous l'immense revers de son habit gorge de pigeon. Un grand silence se fit pendant qu'il prenait un temps avant d'ouvrir la bouche.

— A vous d'abord, mademoiselle Polymnie, comme le veut la hiérarchie, fit-il.

Et, devant mademoiselle Polymnie, assez indifférente et toujours occupée de mademoiselle Erato, il lut :

Quand au soleil de son œil clair
Je sentis fleurir mon génie,
— Son nom? dis-je aux échos de l'air.
Les échos disent: POLYMNIE.

— Ça vaut bien un baiser, ajouta Eurotas ; et il en mit deux sur les joues de la nouvelle Muse, qui le laissa faire sans les lui rendre.

— A vous, maintenant, mademoiselle Terpsichore !

Une gamine, qui gambadait comme un jeune chien échappé, très souriante d'allure sous son minois chiffonné, tendit sa petite tête blonde ébouriffée. Eurotas dit :

> *Belle aux mystérieux appas,*
> *Avant que je vous visse encore,*
> *A la musique de vos pas*
> *J'avais deviné* TERPSICHORE !

Et il prit quatre baisers dont deux lui furent rendus, au moins. Il poursuivit :

— Approchez, mademoiselle Uranie :

> *Désertant la voûte infinie,*
> *La plus belle étoile des cieux,*
> *Pour fixer son vol gracieux,*
> *A choisi les yeux d'*URANIE.

Et le refrain fut le même qu'au précédent couplet, à cela près que mademoiselle Uranie, une châtaine d'aspect très sentimental, lui rendit ses quatre baisers.

Une brune tragique répondit à l'appel de Melpomène, et, d'une voix comiquement douloureuse, Eurotas soupira :

> *Barbare, farouche, inhumaine,*
> *Qui, d'un fer tragique et vainqueur,*
> *M'avez de loin percé le cœur,*
> *Je vous adore, ô* MELPOMÈNE !

Je crois, ma parole, qu'on lui rendit un baiser de plus qu'il n'avait donné.

Avec la même monnaie, il fut payé successivement par mesdemoiselles Clio, Thalie et Calliope, des quatrains suivants :

> *Mieux vaut le moindre fabliau*
> *Que tout le fatras de l'Histoire,*
> *Car ce fait seul reste notoire,*
> *Que vous êtes belle, ô* CLIO !

— Bravo, fit mademoiselle Clio en s'acquittant.

> *D'un air de malice embellie,*
> *Montrant, sous des lèvres en fleurs,*
> *D'un matin printanier les pleurs,*
> *Celle qui sourit, c'est* THALIE.

— Admirable! fit mademoiselle Thalie en apurant son compte.

> *Il n'est métaphore, ni trope,*
> *Ni catachrèse au tour subtil*
> *Pour peindre mon cœur en péril*
> *Depuis que je vis* CALLIOPE.

— Pauvre garçon! fit mademoiselle Calliope en liquidant.

Une petite, qui n'avait pas l'air bon, à la lèvre fine, aux yeux perçants et durs, mettant, cependant, dans son sourire et dans son regard tout ce qu'elle pouvait de caresse, écouta ensuite ce compliment et le paya comme ses camarades :

> *Au rosier saignant dont la serpe*
> *A dispersé le cœur vermeil,*
> *Sous vos regards, mon cœur pareil*
> *S'est effeuillé, cruelle* EUTERPE!

Il ne restait que mademoiselle Erato qui n'eût encore été gratifiée de son quatrain. C'était une jeune personne d'aristocratique beauté, sous son modeste costume, brune, avec un rêve attristé dans les yeux. Elle essaya de sourire à Eurotas qui, devenu tout à fait élégiaque, lui décocha ces derniers vers :

> *Tel fuit sur la mer un bateau*
> *Quand un souffle aux voiles se lève,*
> *Tel, sur l'océan bleu du Rêve*
> *Je suis votre image*, Erato !

Mais, quand Eurotas s'avança pour toucher le prix de sa poésie, très doucement, sans affectation, d'un geste imposant le respect, elle lui fit comprendre qu'elle ne voulait pas, et, avec une rougeur vite réprimée au front, le poète se retira d'elle en la saluant.

— Chipie! murmura mademoiselle Euterpe, en la regardant de travers.

— J'ai fini, dit Eurotas. Eh bien! comment pensez-vous que cela va faire imprimé?

— Dites donc, monsieur Eurotas, fit madame Migoulette subitement rembrunie, vous êtes encore poli, vous!

— Plaît-il, citoyenne Cornélie?

— Il me semble que vous m'avez oubliée dans tout ce joli galimatias.

— Ah! pardon! citoyenne Cornélie!... pardon!... je n'osais pas..., le respect...

— Malhonnête! clama la modiste exaspérée.

— Et puis, il n'y en a que neuf dans la Fable, poursuivit Eurotas très embarrassé... Après tout, la Fable se trompe peut-être, c'est très réparable... Il y en aura dix, voilà tout. Rassurez-vous, citoyenne Cornélie, d'ici à dix minutes vous aurez votre quatrain...

— C'est ça, vous allez me le bâcler. Non! non! prenez donc votre temps et faites-moi quelque chose de joli.

— L'inspiration me vient, citoyenne Migoulette. Un moment de méditation! un coup de génie! Laissez-moi! laissez-moi!

Et Eurotas se mit à se promener furieusement à travers la grande pièce, accrochant, tantôt du coude, tantôt du genou, une de ces armatures de fer léger qui servent à soutenir les chapeaux. Les demoiselles couraient derrière lui en ramassant et en réparant chaque désastre.

— Eurêka! Eurêka! fit-il en élevant sa perruque au-dessus de sa tête, ce qui découvrit une tête ronde comme une pomme, toute frisée de petits cheveux blonds.

— Il est fou! s'écria madame Migoulette en se réfugiant derrière le comptoir. Mais, bien en face de ce meuble, comme un citoyen jurant fidélité sur l'autel de la Patrie, Eurotas étendit la main, et, solennel, laissa tomber ces quatre vers :

Avec neuf Muses seulement
Ma liste serait incomplète.
De la dixième ô nom charmant!
Elle s'appelle MIGOULETTE.

— Quel amour! et, jaillissant de derrière son rempart passager, madame Migoulette s'en fut droit à Eurotas et le pressa, par quatre fois, sur sa poitrine dodue, d'où il sortit en réprimant, avec galanterie, un éternuement.

— A l'ouvrage, maintenant, mesdemoiselles! continua l'excellente femme. Mademoiselle Polymnie, je vous confie la surveillance de l'atelier. Des devoirs de famille me réclament loin d'ici.

— Et ils s'appellent le lieutenant Beauguignon, lui soupira Eurotas à l'oreille. Elle lui lança un mauvais regard.

— Monsieur Eurotas, donnez-moi donc votre bras pour trouver une voiture.

Quand ils furent dehors : — Je vous prie de me laisser tranquille avec le lieutenant Beauguignon! lui dit-elle.

— Et moi, je vous donne l'avis charitable, ma chère madame Migoulette, que mademoiselle Polymnie n'est pas moins coiffée que vous de ce militaire.

— Vous croyez, mon petit Eurotas? — J'en suis sûr. Pst!...

Un carrosse de louage passait. Eurotas y installa l'opulente citoyenne Cornélie; puis, faisant semblant de prendre une autre direction, quand elle ne put plus le voir, il regagna la rue Croix-des-Petits-Champs et rentra dans la boutique de la modiste par un petit passage qui y donnait. Un hourra de joie de ces demoiselles accueillit son entrée.

— Ta! ta! ta! mes enfants! s'écria Eurotas. Ce n'est pas de tout ça qu'il s'agit. Avez-vous appris vos rôles?

— Oui! oui! oui! répondirent toutes les voix.

— Et vous, ma petite Calliope, vous n'avez pas changé d'idée et vous vous mariez toujours la semaine prochaine, d'aujourd'hui en huit?

— Oui, monsieur Eurotas.

— Et toujours avec le même fiancé?

— Quelle bêtise!

— Dame! les femmes sont si changeantes! Tenez, il n'y en a pas une seule ici — à part mademoiselle Polymnie, que retient sa dignité, et mademoiselle Erato, qui est retenue par je ne sais quoi, — qui ne m'ait donné quelque espérance quand je lui offrais mon cœur.

— Quelle horreur! firent toutes ces demoiselles.

— Non! dites: quelle indiscrétion! fit Eurotas avec mélancolie. D'ailleurs, je ne vous en veux pas, et j'avoue que moi-même j'ai peut-être manqué de constance dans l'expression de mes vœux. J'ai voulu courir trop de lièvres..., non! de colombes à la fois, et je ressemble à un chasseur bredouille.

— Volage Papillon! c'est bien fait! répondirent toutes les petites voix.

— Méchantes! Un peu de générosité, s'il vous plaît! Enfin, ma petite Calliope, puisque vous épousez toujours, et le même mari, vous allez vous retirer, s'il vous plaît, que je fasse répéter à vos compagnes l'épithalame que j'ai composé à votre intention et que votre pudeur de simple fiancée vous défend d'entendre.

— Merci pour nous! firent toutes les autres.

— Pardon, mesdemoiselles, mais si une autre que mademoiselle Calliope eût été dans la même situation, j'aurais prié celle-là de sortir, et j'aurais dit devant mademoiselle Calliope mon épithalame. Il n'y a rien là de personnel et c'est une simple surprise que nous voulons lui ménager. C'est pourquoi je vous ai priées de ne pas lui communiquer les vers que je vous ai confiés à chacune. Mais ce n'est pas, ma chère Calliope, une exclusion de mes faveurs. Avant que vous sortiez, j'ai à vous dire, ainsi qu'à vos compagnes, une bonne nouvelle. Ma grande pièce, *Déidamia, reine des Amazones,* va être montée, avant qu'il soit un mois, au théâtre Feydeau. J'ai la parole du célèbre directeur Sageret.

— Quel bonheur!

— Oui, quel bonheur, mes enfants! Car vous savez ce qui est entendu depuis longtemps. Vous quittez, toutes, les modes! Vous plantez là cette excellente madame Cornélie Migoulette. Ça lui apprendra à me faire inventer une dixième Muse! Je vous fais toutes engager par Sageret à des conditions magnifiques. Ah! vraiment alors vous deviendrez les vraies Muses. Thalie, à toi ton masque! Melpomène, à toi ton poignard! J'ai cinquante rôles de femmes dans ma pièce. Polymnie, vous qui avez l'habitude du commandement, vous ferez Déidamia. Vous serez toutes amoureuses de Papillon...

Un immense éclat de rire interrompit ce dithyrambe.

— Papillon! qu'est-ce qu'on veut à Papillon? fit une voix entre deux bruits de portes s'ouvrant, puis se fermant.

Et apparut dans la boutique Papillon, vers qui Eurotas s'élança, en tendant les mains, cependant que les demoiselles se montraient, avec de petits mouvements de coude, le nez du comédien que le soleil avait teint du plus beau rose.

— Je te cherchais depuis ce matin et suis bien heureux de te trouver ici! fit Papillon.

— Et moi donc de te voir! fit Eurotas. Tu vas me donner ton avis sur un épithalame...

— Il ne s'agit pas de cela et j'ai à te parler en secret.

— Bon! voilà ma répétition manquée. Mesdemoiselles, vous pouvez rappeler Calliope. Nous répéterons l'épithalame demain, peut-être même ce soir. Ne vous fatiguez donc pas trop à faire des chapeaux et ne vous creusez pas l'esprit pour embellir un tas de péronnelles qui ne vous en sauront aucun gré. Gardez-vous pour le théâtre, mes mignonnes. Ne vous dépensez pas. Si la citoyenne Migoulette m'entendait! c'est pour le coup qu'elle me mettrait à la porte. Mais ça lui apprendra. Je t'en donnerai, moi, de la Muse, vieille Primerose!

Et quand ils furent sur le seuil de la boutique, beaucoup de regards tristes, désappointés, poursuivirent Eurotas à travers les carreaux de la vitrine, entre les méandres capricieux des rubans, des plumes et des fleurs.

— Que puis-je faire pour toi? demanda Eurotas à son ami.

— D'abord, cher Eurotas, reporter la moitié de l'amitié dont tu m'honores sur un nouveau compagnon que me fait la vie.

— Son nom? Je suis prêt à lui être aussi dévoué qu'à toi-même.

— Il est proscrit, mais je te dirai son nom aussitôt que, te connaissant, il me l'aura permis lui-même. C'est le jeune homme avec qui tu m'as rencontré hier au cabaret de l'île.

— Je ne l'ai qu'aperçu, mais il m'a paru de belle physionomie, bien franche et bien cordiale, avec une fierté dans le regard qui m'avait tout d'abord séduit.

— Il compte sur nous pour lui rendre un grand service, pour lui sauver la vie.

— Nous la lui sauverons, Papillon. Il le faut.

— Il s'agit de retrouver une jeune fille dont le père a été guillotiné deux jours avant Thermidor, pendant que lui-même était dans l'émigration.

— Elle s'appelait?

— Il m'a demandé le secret. Si, par hasard, elle n'était plus digne!... Ce n'est pas lui qui a eu cette idée, mais c'est moi, et c'est pourquoi je l'ai engagé moi-même à le garder. Il faut donc provisoirement te passer du nom dans tes recherches et te contenter des circonstances que je te donnerai très en détail. Tu connais, comme moi, tous les coins de Paris.

— Certes, et je vais piocher mes livres de théâtre.

— Hein!

— Mon ami, on a fait cinq cents pièces, au moins, où l'on recherche une demoiselle disparue et dont on ignore le nom, et on la retrouve toujours au dénouement. Je découvrirai certainement là une idée, une marche à suivre, un exemple! Ah! le théâtre! Papillon! le théâtre! On dit qu'il est l'image de la vie. C'est tout le contraire. C'est la vie qui est une comédie, et une tragédie quelquefois.

Eurotas se crut obligé de prononcer ces dernières paroles sur un ton mélancolique.

— Viens d'abord, que je te présente à notre nouvel ami, dit Papillon. Il loge avec moi depuis hier soir, et m'attend sans doute avec impatience.

— C'est ça, nous retournerons déjeuner où je vous ai vu hier. J'ai la superstition du lieu où l'on s'est rencontré pour la première fois, et, volontiers, comme les amoureux, j'y retourne. Nous conviendrons en route de ce que nous ferons après.

Et Eurotas prit le bras de Papillon. Tous deux traversèrent la Seine au Pont-Neuf, et remontèrent en devisant.

Ils n'avaient pas quitté la rue Saint-Honoré, qu'un bel officier de hussards s'en venait flâner devant la vitrine du magasin de madame Migoulette : grand, très brun, une figure énergique et l'air entreprenant. Mademoiselle Polymnie pâlit légèrement en l'apercevant. Mais bien vite elle baissa les yeux sur son ouvrage, et d'une voix très douce dit à mademoiselle Erato :

— Te sens-tu mieux?

— Oui! lui fit la jeune fille avec une reconnaissance infinie dans l'accent.

VII

Quelle tendresse profonde, faite ici de protection, là de gratitude, unissait ces deux femmes? Il est temps de le dire, l'amitié de Polymnie et de mademoiselle Erato, si jalousée de mademoiselle Euterpe, tenant une grande place dans ce récit.

Il y avait maintenant cinq ans de cela; mademoiselle Céleste Bachelier, devenue la Muse Polymnie, de par la fantaisie du poète Eurotas, méritait bien un bout de portrait, et Boucher eût consenti à tracer le sien. Elle avait alors vingt et un ans et était dans tout l'éclat d'une beauté faite de santé rayonnante. Ses traits étaient loin d'être d'une régularité romaine, et son nez, d'une mutinerie spirituelle, était particulièrement en révolte contre les lois immortelles de la ligne. Mais on ne voyait, dans son visage, que son sourire, pareil à l'épanouissement d'une fleur rouge sur un ruissellement de rosée, et que ses yeux, d'un bleu clair où courait, comme au fond d'une source, un imperceptible sable d'or. Sa chevelure était d'un blond de miel avec quelques ondes fauves et changeantes comme celles d'un ruisseau après l'orage, tout jonché de feuilles mortes. Son teint éblouissant était pétri de lumière, avec de petites taches, de mignonnes étincelles comme en roule l'eau-de-vie de Dantzig. Elle était plutôt grande que petite, plutôt grasse que maigre, et d'un beau dessin sculptural dans l'ensemble de sa personne. Sa face était illuminée, pour ainsi parler, de gaîté, et une expression de bienveillance enjouée fleurissait sa bouche. Ainsi semblait-elle passer à travers la vie comme un beau rayon de soleil dans l'enchantement des fleurs. Tout était sympathie, autour d'elle, pour cette nature franche, ouverte, faite de bonté. C'était certainement la plus joyeuse modiste de tout Paris, en ce temps où Paris était à la fois joyeux et sinistre. Elle était, avec bien d'autres, comme la mandragore qui fleurit au pied des échafauds.

Elle habitait alors, rue du Petit-Musc, une maison modeste, n'ayant pas autant de fortune que de beauté, et dont les autres hôtes n'étaient pas plus riches qu'elle-même. Elle restait d'ailleurs très peu chez elle, bien que sa fenêtre fût toujours tapissée de capucines, de gobéas et d'autres plantes grimpantes, entre lesquelles, au matin, parmi les volubilis s'entr'ouvrant, apparaissait son visage comme un soleil intérieur dont les fleurs étaient aussi caressées et réchauffées. Bonne ouvrière et laborieuse durant le jour, elle donnait ses soirées à un tas de passe-temps frivoles, aimant la danse, les promenades en bateau sous les ponts dont les clartés lentement allumées augmentent, dans le tremblement de l'eau du fleuve, l'image agitée des constellations. Et le dimanche donc! Il n'en était pas de plus passionnée pour les promenades à la campagne, dans ces immenses voitures toutes chargées de citadins en rupture de pavé, que traînait l'agonie de deux maigres chevaux, sous une envolée crépitante de coups de fouet.

A toutes ces parties, à vrai dire, mademoiselle Céleste Bachelier n'allait pas seule. Un rêve vivant l'accompagnait dans ces jolis coins de nature de banlieue, où les premières violettes sont tant recherchées des amoureux, à Saint-Cloud, à Viroflay, à Nogent, sur les bords de la Seine ou de la Marne. Ce rêve portait même l'uniforme d'un beau hussard absolument épris d'elle et qui la voulait épouser, entre deux campagnes : un superbe gars de Normandie qui aurait, un jour, du bien de ses parents. Hélas! de la campagne pour laquelle il était un jour parti, des serments aux lèvres et des pleurs dans les yeux, il ne devait pas revenir. Mais, Dieu merci! Céleste ni lui n'avaient le don des prévisions douloureuses. Ils s'aimaient à plein cœur, et la vie était douce à l'ouvrière, entre un travail qui lui plaisait, où elle était adroite, et les arrhes de bonheur que lui comptait l'espérance. Elle partait de bon matin, rentrait tard, et ses voisins ne la connaissaient guère que par la chanson dont elle égrenait quelquefois les trilles en montant ou en descendant l'escalier. Les pauvres, accroupis à la porte, la sébile ou la main tendue, la connaissaient davantage : car il était rare que, de son passage, une aumône ne demeurât à leurs doigts.

Il n'est donc pas étonnant que l'entrée de nouveaux locataires, même occupant une chambre voisine de la sienne, eût passé inaperçue pour cette vagabonde et radieuse créature : une femme, qui pouvait avoir trente-cinq ans, et une jeune fille, qui pouvait en avoir douze, toutes deux en grand deuil et qu'on ne connut guère vite, non plus, dans le voisinage, pour une tout autre raison que mademoiselle Bachelier, et, au contraire, parce qu'elles ne sortaient jamais.

La mère faisait des broderies et sa fille l'y aidait. C'est tout ce qu'avaient pu savoir les plus curieux par les marchands qui leur venaient acheter quelquefois un peu d'ouvrage. Dans leurs bien rares rencontres avec les allants et venants de la maison, pour les choses quotidiennes de la vie, elles étaient d'une grande politesse, mais d'une réserve qui fleurait vaguement l'aristocratie. Les bons démocrates de la maison ne s'y trompaient pas, et les avaient en quelque défiance. — Graine de ci-devant! — grommelaient-ils en regardant passer, dans sa fierté pudique et douce, la toute jeune fille dont les yeux étaient toujours baissés et dont la jolie bouche semblait ignorer le sourire. La mère avait dû être d'une grande et superbe beauté; mais ses cheveux avaient blanchi avant l'âge et tout était mélancolie profonde chez ces deux créatures pour qui, dans tous les cœurs un peu vibrants, s'éveillait une vague pitié. Elles s'appelaient, dans la maison, madame et mademoiselle Bernard. — Ça doit être : de la Bernardière, pensaient, en culottant des pipes sur le seuil, dans le rayonnement oblique du soleil couchant qui pénétrait seulement en équerre dans la rue étroite, les bons démocrates.

Elles s'étaient installées au printemps, à l'époque où les hirondelles viennent poser leurs nids au bord des toits, et, ressemblant, elles aussi, à des exilées. Leur fenêtre était voisine, sur le mur bombé, de celle de mademoiselle Céleste Bachelier, et la jeune fille y avait aussi planté quelques fleurs tristes comme elle, des anémones d'un violet pâle, des pensées au velours sombre, ce jardin où nous cherchons toujours un peu des impressions de notre âme, tant nous avons soif de ce que la nature a de fraternel pour nous !

Il semblait cependant qu'un jour la mère eût défendu à sa fille de regarder par cette croisée, d'où seulement leur venait pourtant la caresse de l'air dans la rue tiède. C'était depuis qu'elle-même avait vu mademoiselle Céleste reconduite jusqu'à la porte par le beau hussard avec lequel elle avait échangé, sans façon, une accolade avant de le quitter. Il fut même spécialement interdit à l'enfant de répondre à cette demoiselle qui, quelquefois, la rencontrant, chargée de quelque fardeau, le lui avait porté avec un bon sourire. Mais Céleste n'avait guère souci ni conscience du secret mépris dont elle était ainsi l'objet. Elle aimait ; elle était aimée dans ce beau printemps tout ensoleillé et tout fleuri d'espérance. Elle était à l'âge encore où l'on croit que cela durera toujours ainsi.

L'été avait été cruel aux nouvelles venues dans la maison, confinées qu'elles étaient dans une chambre toute petite, dont la seule ouverture, même sur le ciel, était presque condamnée. Les jours, très chauds dans le voisinage des toits, étaient suivis de nuits traversées de frissons, des courants d'air s'échangeant entre les murailles lézardées. Les plus indifférents eux-mêmes s'apercevaient que madame Bernard, si rarement entrevue, changeait à vue d'œil. On disait aussi que l'ouvrage de la broderie allait mal, quand toutes les élégantes étaient loin de Paris, et que les deux femmes allaient plus rarement, l'une ou l'autre, aux provisions, ayant sans doute moins de ressources à y consacrer. Mais tout cela était conjecture, la mère et la fille ne parlant à personne et gardant l'attitude fière qui leur semblait naturelle et qui repoussait, par avance, l'air même de toute pitié.

Ce qui ne fut pas conjecture, c'est que, dès que les premières fraîcheurs automnales passèrent dans les soirs plus hâtifs et dorés d'un soleil plus pâle, s'alanguissant sur l'oreiller violet des nuées, mademoiselle Céleste entendit madame Bernard tousser de plus en plus dans la pièce voisine où les petits pieds nus de l'enfant trottaient aussi sur le carreau, sans doute pour donner des soins à sa mère. Une nuit, les quintes plus fortes et plus précipitées dénonçant une aggravation du mal, Céleste se leva et frappa à la porte des deux femmes. Quand elle eut dit son nom, un : — Nous n'avons pas besoin de vous, mademoiselle ! très sec, dit, avec un arrachement de la voix, par la mère, la cloua au seuil, très triste de n'avoir pu être bonne et secourable, comme elle en éprouvait le despotique besoin, auprès de cette douleur devinée. Elle n'osa plus, cependant, offrir ses soins, les nuits suivantes, bien que l'état de la malade empirât, à en juger par les convulsions de sa poitrine et par les râles qu'elle étouffait mal. Céleste souffrait le martyre de cette impuissance à être elle-même dans l'élan sacré de son cœur.

Et le froid était venu, qui est pour tous les souffrants, comme un redoublement de misère, un froid brumeux d'abord, dont les passants se hâtant vers leur foyer étaient traversés jusqu'aux os; puis, aiguisant ses morsures et poussant, plus avant dans les chairs, des flèches de glace, pendant ses aiguilles aux bois morts des fenêtres défleuries, arrêtant dans le fleuve et dans les ruisseaux cette gaîté de l'eau qui passe et qui, en reflétant le ciel, semble l'image de la vie. Cette mort que l'hiver répand sur toute chose était partout, dans le silence du rire joyeux, dans l'engourdissement de ceux qui vont et viennent et semblent, emmitouflés, des fourrures ambulantes ou des somnambules, dans le glissement sinistre des roues faisant craquer la neige, dans le cœur surtout, où les amours ferventes entretiennent seules un reste de chaleur.

Aussi Céleste, dont le beau hussard était toujours là, plein de tendresse pressante et de matrimoniale tendresse, portait, seule, dans cette maison désolée, un printemps immortel en elle, un soleil dont rien ne pouvait éteindre les rayons. Mais ses veilles étaient traversées de fantômes cruels, sa voisine ne lui permettant plus qu'un sommeil interrompu par les rauques arrachements d'une gorge où le souffle même semblait mettre des brûlures.

Une nuit, un de ces réveils subits, un de ces sursauts lui fut plus cruel encore. Ce n'était plus de l'autre côté de la cloison qu'un rythmique gémissement, une plainte qui haletait. Ce bruit monotone fut traversé tout à coup d'un cri d'enfant. — Au secours! Au secours! Et la porte s'ouvrait violemment. Céleste en chemise était déjà à la sienne — Rentrez! rentrez, mademoiselle, je vais aller chercher le médecin. Et, s'habillant à la hâte, la bonne fille franchit l'escalier d'un bond, injuria le concierge qui n'ouvrait pas assez vite et se perdit dans les rues froides, demandant aux rares passants s'ils savaient où était un médecin. La plupart, sinon tous, lui riaient au nez.

Deux hommes, plus graves, rentraient. Elle leur jeta le même cri suppliant. — Je suis médecin moi-même, fit l'un d'eux, d'une voix très douce, et tout prêt à vous suivre. Elle le remercia, elle l'entraîna, elle le mena par la main dans l'obscurité de l'escalier. Elle ne le vit qu'à la lumière de la chambre, une chandelle qui fumait et s'écrasait en laves molles, n'éclairant qu'en dessous. C'était un homme de belle figure, à l'air compatissant. L'enfant était déjà à ses pieds : — Sauvez! sauvez ma mère! L'homme de science la releva très doucement. Céleste lui tendit les bras. Mais la jeune fille fut retenue par je ne sais quoi qui l'empêcha de s'y jeter. Le médecin, pendant ce temps-là, avait rapproché son oreille de la poitrine de la malade, où le halètement se précipitait, mais en devenant moins distinct, moins bruyamment sifflant. Quand il releva la tête, une véritable tristesse était dans ses yeux : — Ne quittez pas, mademoiselle, dit-il doucement à Céleste. — Ma mère! sanglota la jeune fille. — Il vous faut du courage, mon enfant, fit gravement l'homme.

De sa poche il tira un écu qu'il voulut poser sur la table; mais si discrètement qu'il le fit, l'enfant le vit, et, d'un geste impérieusement douloureux, le força, sans dire une parole, de le reprendre. Céleste et la jeune fille s'agenouillèrent au pied du lit, où le râle n'était plus que comme le bruit des rames d'un bateau qui s'éloigne. Ainsi s'en va notre âme vers l'éternité.

La petite priait, les mains jointes, avec des larmes qui coulaient sur ses petits doigts glacés et s'y figeaient. Céleste avait aussi de vagues oraisons sur les lèvres, le souvenir des orémus d'antan, qui lui bourdonnaient à l'oreille comme ces belles mouches dorées qu'échangent les verdures des tombeaux.

Un, deux, trois soupirs, soulevant largement la poitrine à la faire éclater, se précipitant l'un sur l'autre, se fondant en une même expiration, s'abaissant lentement comme une vague. L'enfant priait toujours, les yeux au ciel, sans comprendre. Céleste regarda avec terreur. Les yeux de la morte étaient fixes, et sa main décharnée s'était abaissée lentement sur l'enfant pour la bénir.

Celle-ci, passant brusquement ses doigts entre ses cheveux, sur ses paupières, comme si, d'un rêve effroyable, elle se réveillait, poussa un cri terrible. Elle allait se jeter, les bras en avant, sur le cadavre. Céleste, cette fois, l'emprisonna dans les siens et la jeune fille y demeura, les épaules secouées de sanglots, la tête noyée dans ses propres larmes, celles de Céleste lui tombant sur la nuque, en gouttes tièdes, comme une pluie d'été.

Et elles restèrent ainsi longtemps dans cette étreinte où, sous le recueillement d'une douleur passagère, leurs deux âmes se fondaient en une inaltérable affection.

Les voisins étaient bien montés ou descendus aussi, entendant cette clameur vague d'agonie. Les femmes offraient timidement leurs services. Les hommes retournaient à leur lit en philosophant sur la fragilité de la vie humaine. Céleste et la jeune fille veillèrent, seules, le corps, en attendant l'aube, très lente en cette saison, laquelle, n'ayant pas de rideaux à traverser, mais simplement des rainures d'argent aux murs fendus par places, posait des serpentements bizarres et fantastiques sur le grand corps allongé dans la blancheur mortuaire des draps. Telle, à l'approche du Christ, une clarté dut descendre dans le tombeau de Lazare. Mais Christ était mort et Lazare ne devait plus ressusciter.

Quand il fallut faire la déclaration le lendemain, force fut de chercher les papiers attestant l'authenticité de madame Bernard. Malgré la résistance de l'enfant, un vieux meuble dont on ne trouvait pas la clef fut forcé et il fut avéré que la défunte n'était autre que madame de Fréneuse, veuve d'un ci-devant comte de Fréneuse, guillotiné deux jours avant Thermidor. — Qu'est-ce que nous disions! répétèrent les bons démocrates de la maison. Du même coup, Céleste apprit que la jeune fille s'appelait Laure. — Laure, lui demanda-t-elle, veux-tu que je sois ta petite mère? — L'enfant eut un tressaillement douloureux. Elle reprit : — Eh bien, ta grande sœur? — L'enfant sourit tristement, et, d'elle-même, s'élança dans ses bras.

Après le déchirement du dernier adieu à la dépouille qui s'en va vers le sillon grand ouvert où demain s'épanouira la flore funéraire; après l'enterrement morne que quelques voisins suivirent lentement en se réjouissant intérieurement de se sentir bien vivants, comme c'est la coutume; après le retour dans la chambre vide et qu'il fallait rendre au propriétaire le lendemain pour ne pas engager une nouvelle période de location, Céleste et sa petite protégée demeurèrent seules. L'enfant, que la douleur avait comme abêtie ou, du moins, rendue insensible à toutes les choses du dehors, se laissait soigner, embrasser, entourer de tendresse, sans sortir jamais tout à fait de son rêve cruel, avec des élans seulement de douleur qui s'apaisaient en de longues et nonchalantes caresses.

Pour ne la pas quitter, Céleste, qui avait heureusement un peu d'argent de côté, renonça pendant plusieurs jours à aller travailler. Elle ne la laissait que durant les quelques heures qu'elle devait à son fiancé. Un jour celui-ci l'accueillit moitié souriant, moitié mélancolique. Il avait reçu l'ordre de partir. On allait se battre en Italie. Il était content parce qu'il était brave et aimait son métier. Il était triste parce qu'il était fidèle et aimait son amie. Céleste eut un véritable chagrin. Mais il eût été peut-être plus vif encore si elle n'avait eu le grand souci de l'orpheline, lequel lui était, malgré tout, une grande et sainte distraction au cœur.

Le héros promit de donner souvent de ses nouvelles. Pendant le premier mois, en effet, on en reçut deux fois, ce qui était beaucoup dans ce temps-là.

Mais ce fut tout. Une lettre d'un camarade apprit à Céleste, deux mois après, qu'il avait eu la tête glorieusement cassée à la première rencontre. Alors ce fut elle qui pleura, et vraiment, et de toute son âme. Et, par une diversion étrange, ce fut la petite Laure qui, soudain, fut arrachée à l'abattement de sa propre douleur par le tendre désir de consoler sa grande sœur d'une douleur qu'elle ne comprenait cependant guère. Mais l'instinct des femmes est admirable dans le domaine des sentiments délicats. Laure fut vraiment touchante de tendresse, d'attentions exquises, de soins journaliers, de mille petits riens qui attachent quelquefois plus que de grands sacrifices. Car un poète l'a dit excellemment :

> *Ce sont les plus petites choses*
> *Qui témoignent le plus d'amour !*

Or, cette marque d'affection, dans une épreuve inattendue, resserra encore le lien entre ces deux âmes, dont l'une était l'innocence même, et dont l'autre se reconquérait par une élévation subite de la pensée vers le dévouement et la charité. Un même voile, de pureté vraiment angélique, se répandit sur ces deux êtres que la vie avait si différemment façonnés pour le même sentiment. Malgré le refus de l'enfant, Céleste était bien vraiment la « petite mère de Laure ». Car elle était mère par toutes les tendresses, cette brave fille que le destin donnait pour guide à une enfant qu'avait semblé trahir un destin fait de bonheur et de sécurité. Et elles étaient charmantes ainsi toutes les deux, graves, se promenant dans la douceur des soirs du printemps revenu, jusqu'à la nuit tombante seulement, toutes les deux de noir vêtues, se parlant bien doucement, si doucement dans le fracas des conversations frivoles dont le bruit mourait autour d'elles, indifférent comme celui des cailloux dans le lit tumultueux d'un torrent !

De cette existence sans grands besoins, mais aussi sans ressources immédiates, elles vivaient ainsi quand Céleste eut le premier éclat de rire qui lui fût venu aux lèvres depuis longtemps, en s'apercevant qu'il restait précisément trois francs dans sa tirelire qu'elle avait brisée, n'y entendant plus qu'un cliquetis d'argent inquiétant. — Il va falloir nous mettre à travailler, pauvre petite! fit-elle à Laure. Et Laure, lui rendant son sourire, dit presque joyeusement : — Tant mieux, si nous ne nous quittons pas !

Céleste s'enquit et apprit que madame Cornélie Migoulette demandait de bonnes ouvrières et des apprenties qu'elle logeait. Mademoiselle Bachelier était habile dans son état. Laure était intelligente et très adroite de ses petits doigts. Elle s'alla présenter et présenta Laure comme sa cousine. En peu de temps mademoiselle Céleste, devenue Polymnie, fut investie par madame Cornélie Migoulette d'une façon d'autorité sur ses demoiselles. Elle y gagna d'avoir une chambre à part et y installa Laure auprès d'elle, Laure, que ce fou d'Eurotas avait baptisée : Erato.

Et maintenant, vous savez aussi pourquoi, quand le beau lieutenant de hussards Beauguignon passait dans la rue et flânait devant la devanture, Polymnie, qui se souvenait, avait un battement de cœur et devenait toute pâle.

VIII

Pour se consacrer tout à fait à sa petite protégée, l'excellente Céleste avait renoncé aux plaisirs qu'elle avait le plus aimés; mais le fond joyeux qui était en elle, et le fond même de sa nature reparaissait à l'occasion. C'était alors comme une folie, la revanche de toutes les gaîtés réprimées, de toutes les fantaisies contenues. Alors elle dansait toute une nuit, comme une éperdue, et ses vingt ans lui remontaient au cœur, comme, sur une eau éclaircie d'azur, une fleur longtemps submergée. Elle était toute honteuse ensuite et aurait voulu presque que la petite la grondât, pour lui pardonner ensuite. Mais Erato trouvait charmant tout ce que faisait sa grande sœur.

Polymnie aurait voulu qu'il vînt à la jeune fille un peu de cet épanouissement innocent des sens dans la musique et par le rythme. Elle s'effrayait du recueillement de cette jeunesse sans rire et sans chansons. Mais Erato, sans rien blâmer dans ses compagnes qui, sauf Euterpe, l'aimaient beaucoup, se tenait en dehors de leurs plaisirs ou, du moins, n'y prenait qu'une part disputée à la fierté native de son caractère où se sentait le stigmate indélébile de la race, à côté de la grande tristesse du passé.

Elles couchaient dans la même pièce très ensoleillée par les premiers rayons du matin, et toutes les deux étaient d'ordinaire tôt levées. Polymnie s'aperçut, cependant, une nuit, qu'Erato, sans bruit, avait rallumé la lumière, l'enveloppant aussitôt du côté où elle aurait pu lui parvenir, à elle, et s'était installée à la petite table pour écrire. Polymnie continua à faire semblant de dormir pour ne la pas troubler. Une heure après, toujours furtivement, Erato refaisait les ténèbres et se glissait dans son lit. — As-tu bien dormi? lui demanda-t-elle affectueusement le lendemain matin. Erato répondit : — A merveille, je te remercie. C'était le premier mensonge qu'elle découvrait en elle. Il l'attrista et l'inquiéta. Erato semblait, cependant, avec elle, plus tendre et plus confiante que jamais.

Ces insomnies, occupées par une correspondance mystérieuse, se reproduisirent plusieurs fois sans que Polymnie voulût faire à son amie la peine de la surprendre. Une nuit, cependant, Erato sembla s'endormir, plus lasse qu'elle était que de coutume, sur la page commencée. Or Polymnie était trop parfaitement femme pour ne pas être curieuse, et, d'ailleurs, sa curiosité avait là, pour excuse, le rôle de tutrice qu'elle s'était donné. Pieds nus aussi, elle descendit donc de sa couche, approcha doucement, et lut, sur l'épaule de l'endormie, charmante dans l'embroussaillement de sa belle chevelure dénouée sur laquelle couraient des fils d'or. C'était la seconde page d'une lettre et Polymnie fut parfaitement stupéfaite en lisant :

« .... Je t'ai donné toute mon âme, mon Robert bien-aimé, du premier jour où je t'ai vu, et je sais qu'à travers la douleur qui nous sépare, toute ma vie demeure à toi. Ta chère image est sans cesse sous mes yeux et rien n'a pu en distraire mon souvenir. De loin, mon cœur s'épanouit encore sous ton regard comme autrefois. Le moindre souffle qui passe m'apporte le son chéri de ta voix. Et toi, te rappelles-tu? te rappelles-tu le grand jardin où je ne marchai toute fière qu'appuyée à ton bras comme une grande femme? Et cette fleur que tu as cueillie pour moi, un matin, tout en haut du mur, au risque de te casser les reins. — J'en tremble encore..., méchant! — pour satisfaire un caprice! Ah! je l'ai toujours gardée avec ce que j'ai de plus sacré au monde. J'espère et je désespère tour à tour quand je pense à toi, c'est-à-dire toujours, mon Robert bien-aimé. Il me semble que l'on nous devrait bien un peu de bonheur après tant de misères. Oh! te revoir! revoir tes yeux, entendre ta voix! Tu m'embrasseras bien longtemps, n'est-ce pas... Je ne sais ce qui se passe en moi quand me vient l'idée de ce retour. Mais il me semble que je mourrai de joie... Robert! Robert... »

Ah! la flamme avait eu un crépitement soudain. Erato s'était recouchée brusquement; elle se frottait les yeux. Polymnie, très interdite de ses découvertes, n'avait pas eu le temps de regagner son lit. Erato était toute rouge; Polymnie aussi. On n'aurait pu dire laquelle des deux était la plus honteuse. Les grands yeux noirs d'Erato plongeaient, en l'interrogeant, dans le gouffre bleu, étoilé d'or, du regard de Polymnie. Il n'y avait pas, toutefois, de colère dans son inquiétude. D'une voix très émue, elle lui dit : — Tu as lu? — Oui! j'ai lu, fit tristement Polymnie. Ce fut encore un silence que Polymnie interrompit la première, en lui disant, sur un ton de reproche très doux :

— Pourquoi ne m'as-tu pas dit que tu aimais?

— Celui que j'aime est si loin! répondit Erato plus tristement encore. Je ne sais pas s'il vit et je me mens à moi-même quand je lui écris que j'espère le revoir.

— Mais comment lui fait-on parvenir tes lettres?

— Il ne les reçoit pas. Tiens! voilà toute notre correspondance où tu ne trouveras que mon écriture. Et Erato tira, d'un tiroir de la table, un paquet de lettres, toutes soigneusement cachetées et qu'elle avait rangées tout au fond. Elle ajouta :

— Je vis toute seule mon pauvre roman, m'imaginant quelquefois qu'il me répond, dans sa pensée, par quelque mystérieux lien de nos âmes,... une folie, sans doute! Mais j'ai le cœur si plein de lui qu'il me déborde et que c'est pour ne pas pleurer que j'écris. Cela te paraît ridicule. Je t'assure, Polymnie, qu'un grand soulagement me vient de ma peine ainsi racontée à celui dont l'absence est le plus cruel de mes maux. Je vois que je te fais de la peine. Je te jure que je suis heureuse auprès de toi..., aussi heureuse que je puis être loin de lui. Pardonne-moi! Tu aurais tort de m'en vouloir. Nous étions tout enfants quand on nous avait fiancés l'un à l'autre. Nous avions grandi ensemble jusqu'au jour... Tiens! je pleure, maintenant. Tu aurais mieux fait de me laisser écrire encore. Ça ne me faisait aucun mal et ça me faisait tant de bien !

Polymnie voulant l'arrêter pour calmer cette douleur, avec des sanglots Erato lui raconta son enfance auprès de Robert des Aubières, leurs familles unies par de longues amitiés, les projets échangés jusqu'au bord de leur berceau. Avec une joie cruelle à elle-même, elle plongea dans ses souvenirs, elle rentra dans la vieille maison où tout était joie et espérance avant que le deuil et la spoliation en eussent forcé la porte. Elle dit encore que Robert était parti avec son père, qu'ils n'avaient plus eu jamais de nouvelles l'un de l'autre, mais qu'elle sentait que jamais un autre n'aurait sa pensée, son amour, sa foi.

— Ne m'en veuille pas, lui dit doucement Polymnie, en la prenant dans ses bras, d'avoir violé ton secret. Maintenant nous pouvons parler de lui ensemble et cela te semblera peut-être meilleur encore que de lui écrire d'imaginaires lettres qu'il ne lira sans doute jamais.

— Laisse-moi cette distraction innocente, Polymnie; c'est toute mon âme qui me vient aux lèvres en lui parlant ainsi de loin. Elle revient allégée de ce voyage. C'est comme un rosier dont on émonde les fleurs pour que les boutons retrouvent un peu de sève. Tu liras mes lettres si tu le veux... .

— Non, certes, et je te demande pardon d'avoir été indiscrète aujourd'hui. Ferme-les comme tu le voudras, mais laisse-moi ensuite les serrer sous une clef à moi. Tu as seize ans, Erato, et si jamais, à la suite d'un accident, ces lettres étaient retrouvées, elles pourraient compromettre ta bonne renommée auprès de ceux qui ne seraient pas dans leur secret.

— Merci de ta sollicitude, Polymnie. Tiens! voilà toutes celles que j'ai écrites déjà. Mais ne les brûle pas. J'y tiens!... si je le revoyais jamais un jour, il saurait que j'ai parlé toujours de lui.

Polymnie mit la correspondance dans un coffret à ses initiales, dont elle exila ses propres souvenirs. Erato continua d'écrire et ce reliquaire de son cœur s'accrut lentement.

Toute la maison était d'ailleurs en émoi, dans ce moment, pour le mariage de mademoiselle Calliope. On confectionnait la toilette blanche de la petite camarade, pendant les heures de récréation, avec des rires et des paroles enjouées, inégalement innocentes suivant l'expérience de celle qui les disait. Polymnie et Erato prenaient leur part de cette tâche amicale. Erato brodait très légèrement le voile sur les bords, et Polymnie, la plus habile, arrondissait en couronne les fleurs d'oranger, découvrant ou cachant les pistils d'or pareils à des cils. En revanche, elles n'avaient voulu apprendre, ni l'une ni l'autre, leur rôle dans l'épithalame dialogué qu'Eurotas avait composé à cette occasion.

Car Eurotas avait été, dès le début, le grand organisateur de cette fête. Le fiancé de mademoiselle Calliope, Anaxagore, était le coiffeur du théâtre Feydeau. Eurotas ne négligeait aucune de ses influences au théâtre. Habilleurs, coupeuses, décorateurs, contrôleurs étaient, par avance, ses amis. Il n'était pas jusqu'au concierge, à qui il n'achetât, de temps en temps, du tabac pour se mettre bien avec lui. Le citoyen Anaxagore était, d'ailleurs, un homme considérable — ou qui se croyait, du moins, tel, dans la maison, — il avait l'honneur d'assouplir, lui-même, entre ses doigts pommadés, les *oreilles de chien* qui battaient aux tempes du citoyen directeur, Sageret, et de rejoindre les deux nageoires noires qui complétaient la toilette à la *Titus* de la tête du premier régisseur de la scène. Anaxagore avait promis à Eurotas de dire du bien de *Deïdamia, reine des Amazones*, à ces deux grandes autorités, dont l'une était souveraine. En revanche, Eurotas lui avait promis de publier, dans une gazette, les vers qu'il élucubrait pour son mariage.

La semaine se passa donc en détails de coquetterie, de la part de ces demoiselles, et en visites continuelles d'Eurotas, venant voir si tout allait bien. Celui-ci était généralement suivi, à peu de distance, de Papillon qui lui rôdait toujours aux talons, pour obtenir une lettre de recommandation pour celui-ci ou pour cet autre; car, dans tout cela, Papillon n'avait toujours qu'un souci en tête, — même avant ses fameux débuts, — c'était de tirer son ami Robert des Aubières de sa peine en retrouvant mademoiselle de Fréneuse. Or, Eurotas, qui n'avait jamais laissé passer une fête patriotique sans lui consacrer un à-propos rimé, était fort bien vu des municipalités. Un mot de lui en adoucissait la bureaucratie renfrognée et faisait s'ouvrir les registres tout grands. Le pauvre Papillon, escorté de Robert, passait toutes ses journées à feuilleter ces insipides documents. Si Eurotas ne prenait pas, à ces recherches, une part plus directe et plus active, c'est, d'abord, qu'il n'en avait pas le temps; ensuite, que le nom à découvrir ne lui avait pas été confié; enfin que Robert des Aubières semblait dans une certaine méfiance de ce garçon réjoui, exubérant et sans doute léger.

Dans le grand recueillement de pensée où il était, Robert supportait mal, en effet, les joies trop bruyantes. Avec ses outrances de mots, ses envolées de strophes improvisées, le vacarme de son talent sans discrétion, Eurotas l'avait presque révolté et tout le bien que Papillon avait pu lui en dire ne pouvait le faire revenir sur cette impression. Elle fut cause que Robert ne voulut jamais accompagner Papillon à la boutique de madame Migoulette. Il demeurait à l'écart dans quelque rue, où lisait les gazettes dans quelque café, pendant que le comédien faisait ses apparitions dans la maison où respirait cependant celle qui était toute sa pensée, à lui, cette Laure si ardemment et si amoureusement cherchée ! N'y avait-il pas quelque cruauté dans ce rapprochement inutile que permettait entre eux le destin ? Il semblait cependant que Laure en eût comme une intuition vague, comme une impression mystérieuse et reflexe. Car Polymnie la voyait quelquefois pâlir, en mettant sa main sur son cœur, comme à l'obscure approche d'un bien-aimé.

Cependant le dimanche, veille des noces de mademoiselle Calliope et du coiffeur Anaxagore, Papillon déclara à son ami : — Je ne serai pas demain à toi, mon pauvre Robert. Eurotas m'a demandé le service impossible à refuser de m'occuper d'une petite fête dont il est le grand ordonnateur... A moins que tu ne viennes avec nous... — Merci, fit vivement M. des Aubières. Papillon, un peu banalement, chercha à le convaincre qu'un peu de distraction lui ferait le plus grand bien du monde. Il se laissa même aller à lui dire que, leurs recherches semblant ne pouvoir plus réussir, il serait peut-être bon de se faire une raison et de prendre un parti. Robert eut un sursaut de douleur, presque d'indignation et de colère. — Je sais bien ce qui me reste à faire alors, dit-il, quand nous en serons là. — Quoi donc? fit Papillon inquiet. — Je retournerai au jardin paternel de meilleur matin encore, et, ajouta-t-il, avec un sourire douloureux, j'aurai soin de ne pas t'y rencontrer.

A son tour ce fut Papillon qui fut atterré et anxieux.

— Jure-moi, au moins, de ne te faire aucun mal, s'écria-t-il, demain pendant que tu seras seul !

— Je te le jure, mon bon Papillon, fit Robert attendri. Je n'ai pas, Dieu merci! encore perdu tout espoir. Et leurs mains se serrèrent. Mais c'est égal, le bonheur de Papillon était empoisonné pour toute la journée du lendemain. Une autre découverte ne le consola pas de l'abattement où il avait vu son ami. Le prix de la fameuse épée de Robert commençait à s'épuiser. Le sieur Sageret n'avait pas encore signifié la réception officielle de *Deïdamia, reine des Amazones*, ce qui eût ouvert, comme un « Sésame », le coffre-fort des usuriers. Il lui restait fort peu d'argent pour faire le galant à la noce de mademoiselle Calliope et il était à craindre que, le surlendemain, il ne lui en restât pas du tout. Il serra cependant dans un tiroir la moitié du peu qu'il possédait. — Il n'est pas juste, pensa-t-il avec une honnêteté vraiment admirable, puisque Robert et moi faisons bourse commune, qu'il paye la moitié du divertissement auquel il ne prendra aucune part.

Après un bonsoir cordial, il s'endormit péniblement sur une double inquiétude de l'avenir.

IX

Enfin, le grand jour était arrivé. Dès le matin ces demoiselles avaient embrassé leur petite camarade Calliope, et le dortoir des modistes avait donné un spectacle charmant que Lawrence semble avoir entrevu dans une de ses plus célèbres gravures. Toutes ces blancheurs, toutes ces chevelures ébouriffées, tous ces teints rayonnants de jeunesse, tous ces sourires courant en cascade sur la blancheur des dents, et ces flammes semblant s'échanger entre les yeux, et ces paroles joyeuses courant de lèvres en lèvres, et l'empressement comique de toutes ces petites cameristes improvisées, babillardes, des aiguilles ou des ciseaux entre les doigts, chiffonnant, coupant, rajustant les plis, cela dans un grand rayonnement de soleil entrant largement par les croisées, avec des chansons d'oiseaux sur les toits voletant et se poursuivant dans la lumière : c'était gai, c'était radieux, c'était charmant. Au milieu, la petite épousée au minois affiné par un semblant de timidité délicieusement hypocrite et faisant sa sucrée, et se regardant avec un plaisir naïf, à mesure que s'achevait sa toilette; feignant de s'apercevoir, pour la première fois, qu'elle avait un tout petit pied dans son soulier de satin blanc et la taille bien prise sous le bouquet symbolique, minaudant, coquetant, prenant des airs de victime dont souriaient ses compagnes.

Et les commentaires sur le bel Anaxagore! Il faudrait le tenir serré, ce monsieur-là. Il était la coqueluche de toute la rue. Les belles dames ne voulaient perruques que de sa main et posées par sa main même. Calliope déclarait qu'elle le quitterait aussitôt, s'il la trompait jamais, après avoir commencé par le tuer. On lui donnait généralement raison. Il faut qu'une femme se fasse respecter, dans sa maison et dans son ménage, par sa douceur. Jamais fauvettes s'ébattant dans un cerisier en fleur n'avaient fait un tel ramage. Et tout ce bruit, en grignotant les pralines qu'Eurotas avait distribuées la veille à celles qui savaient le mieux leur quatrain dans l'épithalame.

La toilette était à point quand madame Migoulette fit son entrée, son présent à la main. C'était un ridicule qu'elle-même avait brodé. — Et elle s'y connaissait! fit observer tout bas Euterpe, toujours charitable. Mademoiselle Calliope ayant perdu ses parents, madame Migoulette lui fit le petit discours de circonstance, mais dans une forme d'une si exquise pureté qu'elle n'eut point à la prendre à l'écart pour cela. Toutes ces demoiselles purent en profiter par avance. Ce manifeste matrimonial avait tout le caractère d'une circulaire. Il y était parlé des saintes lois de la nature, et de la bonté de l'Être suprême, de l'union indissoluble des âmes et de victimes à l'autel. Un érudit se fût aperçu que c'était tout simplement un petit morceau de Bitaubé qu'elle avait appris par cœur. Noblesse oblige, et sa dignité de dixième Muse ne permettait pas à madame Migoulette de s'énoncer comme le commun des mortels. Personne n'y comprit un traître mot; mais toutes ces demoiselles pleurèrent néanmoins comme de petites fontaines et mademoiselle Calliope faillit s'évanouir d'émotion. Seule Polymnie avait une effroyable envie de rire.

Une volée de fanfare entrant à pleines croisées — comme si les rayons du soleil se fussent groupés en pavillon de trompette — mit fin à cette scène de larmes. C'était Anaxagore dont Eurotas avait obtenu, par autorisation spéciale de la police, l'entrée en musique dans la maison de la fiancée. C'était purement renouvelé de l'antique, comme tout ce qu'inventait Eurotas. Le malheureux Papillon avait été mis, malgré lui, à la tête de cet orphéon et il semblait que son grand nez dût prendre sa part dans ce mugissement.

Après un prélude militaire inattendu et un cor de chasse moins encore de saison, Anaxagore descendit de son carrosse. Il avait tenu à se coiffer lui-même et tenait à la main un large chapeau en croissant, dont le moindre frôlement eût dérangé le monument capillaire dont il était surmonté. Par esprit de réaction, — coiffant surtout les grandes dames, — il avait gardé des cadenettes. Son habit de soie était d'un bleu changeant et sa culotte d'un violet à reflets. Il avait un air vague d'arc-en-ciel, d'où son ventre serré émergeait comme un dôme sous une pluie d'orage. Un énorme bouquet faisait courir, comme des petits ruisseaux, des rubans de toutes couleurs sur les larges revers de son vêtement. Une figure rose, poupine, aimable à gifler, sortait de sa cravate haute dont une Hérodiade bourgeoise eût pu se contenter seule, pour présenter la tête de Jean-Baptiste. Il portait ce chef fleuri, sur ses épaules, ce bouquet vivant enveloppé d'un véritable cornet de papier, avec la majesté d'un porteur de reliques. Les boucles de ses souliers semblaient deux constellations.

Des carrosses suivaient le sien et la foule était déjà considérable dans la rue. Un murmure, curieux puis flatteur, y passa quand mademoiselle Calliope, très gentille, ma foi! avec sa mine éveillée, gagna celui qui lui était destiné, marchant sur le bout des pieds, comme une perdrix qui file dans les chaumes, et s'y flanqua de madame Migoulette, qui portait sur la tête un véritable jardin. Très gaiement ces demoiselles s'installèrent dans les autres voitures, radieusement endimanchées. Eurotas et Papillon tinrent compagnie à l'impatient Anaxagore, qui faisait l'amoureux à outrance et déclarait qu'il serait mort s'il lui avait fallu « attendre encore un zour! » Eurotas disait quelques bêtises lyriques. Papillon, lui, pensait à Robert et se sentait une amicale tendresse à l'âme, au milieu de ce bruit. La fanfare, qui n'avait pas envie de courir devant les chevaux, avait été attendre la noce à la mairie, où elle renouvela ses excès, toujours sous la conduite de Papillon.

Autre clameur dans une autre foule. Le beau lieutenant de hussards Beauguignon, en galant uniforme, attendait sur le parvis. Ce fut un tressaillement du bras de Polymnie sur le bras d'Erato. Beauguignon les regarda beaucoup toutes les deux. Polymnie prit pour elle ces regards, mais tout porte à croire qu'ils étaient pour Erato, absolument délicieuse dans sa toilette un peu moins absolument claire que celle de sa compagne, et teintée de lilas tendre où se reflétait comme la mélancolie lointaine de sa pensée. Une fleur de distinction était certainement en elle qui manquait au bel épanouissement de jeunesse et de fraîcheur de ses camarades d'atelier. Beauguignon en parut très impressionné. Et sensiblement il se rapprocha le plus qu'il put des deux femmes qui ne se quittaient pas, la pauvre Polymnie sentant son cœur battre encore davantage.

La musique salua ensuite l'entrée du magistrat municipal, scanda son discours de quelques heureux soupirs de trombone, éclata triomphale à la sortie du cortège et, durant les compliments d'usage, reprit sa course pédestre pour aller sévir encore au restaurant du *Pied de mouton,* où avait lieu le grand repas organisé par Eurotas et où la noce l'eut bientôt rejointe. Anaxagore était victorieusement assis, cette fois, dans le plus beau carrosse, à côté de madame Anaxagore, qui semblait confite en méditation véhémente comme une petite sainte de velours dans une niche de satin blanc.

Eurotas avait voulu que le potage fût le fameux brouet des Spartiates, dont il avait retrouvé la recette. Cette fantaisie culinaire ne permit à personne d'en manger. Mais on se rattrapa, avec d'admirables appétits, sur le reste du menu, qui n'avait pas les mêmes prétentions historiques. Seuls les vins avaient été baptisés d'héroïques qualifications. Pour la première fois, Argenteuil s'appela Syracuse et Suresne Salamine. Il fut constaté que le nougat d'un admirable croquenbouche monté, et figurant le triomphe de l'Amour, avait été fait avec du miel authentique du mont Hymette. Cela décida madame Migoulette à en faire une telle débauche que deux de ces demoiselles durent s'arc-bouter pour lui ouvrir le corsage. Elle avait mangé, à elle seule, trois colonnes du temple sur lequel l'Amour victorieux était posé, et une partie du fronton.

On était arrivé au dessert, sans autre incident que cette intempérance iconoclaste si rapidement punie par les dieux, quand une rumeur, suscitée par Eurotas lui-même, fit le tour de la grande table sur laquelle couraient, comme des perles détachées d'un collier, les boutons d'oranger tombés de la coiffure et du symbolique bouquet de madame Anaxagore : — L'Épithalame! l'Épithalame! l'Épithalame! murmurait cette voix populaire. Papillon, lui, cria à tue tête : A l'Épithalame! Sur un signe d'Eurotas, faisant mine de céder malgré lui à cette impatience des convives, — garçons d'honneur, amis de madame Migoulette, qu'il suffit de mentionner sans les décrire, — ces demoiselles se levèrent, reculèrent leurs chaises devant elles et se groupèrent harmonieusement. Puis, chacune, à son tour, sauf Polymnie et Erato qui étaient restées à leurs places, chanta, sur un air gracieux, dont Eurotas se prétendait également l'auteur, le quatrain qui suit, le chœur reprenant à l'unisson après deux quatrains, suivant un mode emprunté aux chœurs de Sophocle, et sous l'inspiration des vers amoureux d'Anacréon.

URANIE

Calliope, blanche et seulette,
Fuyant les propos des bergers,
Butine, aux coteaux bocagers,
L'anémone et la violette.

TERPSYCHORE

Une abeille qui vient du ciel
Prend sa lèvre pour une rose,
Arrête son vol et s'y pose
Comme pour y boire le miel.

CHŒUR

Amour, de tes traits les plus doux,
Traverse la terre embrasée.
Roses, livrez aux vents jaloux

> Vos calices lourds de rosée.
> — Anaxagoras est l'époux
> Et Calliope est l'épousée.

— Adoable! s'écria Anaxagore. Adoable! Avissant!
— C'est tout de même troussé, ajouta madame Migoulette.

CLIO

> Caché sous la sombre ramure,
> Anaxagoras était là;
> Et soudain sa voix se mêla
> A celle du flot qui murmure.

MELPOMÈNE

> Et de si doux accents d'amour
> Montent à sa bouche inspirée
> Que, par leur douceur attirée,
> L'abeille s'y pose à son tour.

CHŒUR

> Amour, de tes traits les plus doux,
> Traverse la terre embrasée.
> Roses, ouvrez aux vents jaloux
> Vos calices lourds de rosée.
> — Anaxagoras est l'époux
> Et Calliope est l'épousée.

— Châmant! châmant! châmant! fit Anaxagore.
— C'est joliment gentil! ajouta madame Anaxagore.

EUTERPE

> Droite et souriant sur sa tige,
> Rose églantine des buissons,
> Source d'amoureuses chansons,
> De l'une à l'autre elle voltige,

THALIE

Venant tour à tour se poser
Sur la source et la fleur vermeille :
— Je suis le baiser! dit l'Abeille.
— Je suis l'Amour! dit le baiser.

Et ce furent toutes les convives qui reprirent en chœur :

Amour, de tes traits les plus doux,
Traverse la terre embrasée.
Roses, ouvrez aux vents jaloux
Vos calices lourds de rosée.
— Anaxagoras est l'époux
Et Calliope est l'épousée!

Un immense vivat retentit.

Anaxagore et Papillon enthousiasmés, se précipitant en même temps sur Eurotas pour l'étreindre, au moment où celui-ci inclinait la tête jusqu'aux genoux, dans un salut plein d'humilité et de reconnaissance, tombèrent dans les bras l'un de l'autre. Au moment où ils se dégageaient, madame Migoulette, qui s'était levée aussi pour prendre part à l'accolade se trouva juste derrière Anaxagore, qui, croyant que c'était sa jeune femme qui courait après lui, referma son étreinte en couvrant de baisers les joues et la nuque de madame Migoulette. Celle-ci qui, de mémoire de belle lurette, n'en avait eu autant, trouva la chose absolument plaisante. — Je t'avais bien prévenue que tu épousais un coureur! murmura la charitable Euterpe à l'oreille de la jeune mariée. Eurotas, lui, moissonnait à pleines gerbes. De l'une à l'autre il courait, les prenant sur son cœur, avec des extases comiques dans les regards, et des : Méchante! dans la voix, quand les petites mains défendaient la blancheur fragile des légères toilettes. Polymnie et Erato s'étaient réfugiées dans un coin pour échapper à cette avalanche de caresses. — En voilà qui font leurs mijaurées! fit la douce Euterpe en les regardant de travers.

Pendant ces expansions du poète heureux de son triomphe, Papillon, qui avait abusé du Syracuse et du Salamine vendangés sur les bords de la Seine, ce bon Papillon, dont l'esprit occupé depuis huit jours déjà de graves recherches, trouvait fort à propos une détente, riait aux éclats sans raison, faisait des gambades en tout sens, déclamait avec emphase de grands vers tragiques, escaladait les chaises en faisant peur à tout le monde, en redescendait en exécutant le saut périlleux, exercice auquel il avait toujours excellé. Ainsi retomba-t-il, une fois, tout galamment sur les épaules de madame Migoulette, qui ramassait son mouchoir. Ceci plut infiniment moins à l'opulente modiste que la familiarité d'Anaxagore. Elle traita Papillon d'imbécile et de maladroit, pendant que celui-ci l'aidait à se relever. Alors Papillon, pour se donner une contenance, reprit le commandement de la fanfare. Mais les musiciens aussi avaient abusé des vins héroïques, et ce fut un charivari contre lequel Eurotas protesta au nom du Dieu de l'Harmonie.

Il était quatre heures d'ailleurs, et une promenade à la campagne figurait dans le programme, avant le dîner qui serait rapide, cette grande journée but s'achever au bal Tivoli. Les carrosses furent rappelés et le cortège, allégé de la fanfare dont Eurotas ne voulait plus entendre parler, y prit place avec un surcroît d'humeur expansive et de gaîté.

X

Paris était poudreux en cette saison, surtout par cette saison de belles journées sans pluie. Tout le monde, les dames surtout, avaient une soif véritable de campagne un peu lointaine, aussi lointaine que le permettrait la nécessité de rentrer à Paris pour l'heure du bal. On discuta pour le choix de la promenade. Irait-on à Choisy? A Marly? Anaxagore proposa Trianon où il avait un ami, le limonadier Langlois, qui donnait à boire et y logeait « depuis soixante-douze livres jusqu'à telle somme qu'on voudra », disait une affiche du temps. Par la Seine et Sèvres on s'en fut donc à Versailles. Trianon portait encore, sur sa porte, l'écriteau qui y resta dix ans : *Propriété à vendre*. Trianon, qui avait échappé à grand'peine au décret de nivôse proposant d'en labourer les terres abandonnées, Trianon, dont l'admirable mobilier était à vendre pour quatre mille huit cents livres chez un fripier de la rue Neuve de l'Égalité. Et le parc planté de huit cents espèces d'arbres! Le petit lac devenu un marais! Seul le temple de Flore respecté et souriant dans l'ironie de sa décoration aussi fraîche que si la Reine y devait venir dîner tout à l'heure! Partout ailleurs la ruine, l'abandon, les dieux mutilés dans ces bassins qui semblaient faits de leurs larmes, et, au seuil de ce temple profané, le limonadier Langlois faisant son petit commerce.

Il reçut Anaxagore avec un cordial entrain, daigna trouver la mariée jolie, proposa une première série de consommations, puis se fit le cicérone de tout ce monde à travers les antiques splendeurs aujourd'hui défuntes de Trianon. La mélancolie en était plus grande encore et plus saisissante sous le ciel bleu que bordait, du côté du soleil couchant, comme un océan d'or plein de frémissements. La lumière oblique encadrait seulement la cime des arbres et allumait des incendies aux fenêtres rouges du château. Dans les flaques d'eau du lac à moitié desséché, où de grands cygnes maigres barbotaient avec des battements d'ailes désespérés, elle mettait des teintes de sang. Et les lianes parasites, dont les beaux arbres jadis si bien émondés étaient reliés, semblaient, tamisant cette clarté tragique, la toile d'une immense araignée de feu dont les pattes de pourpre rayonnaient à l'horizon.

Au bord des fontaines, les Amours de bronze ou de marbre tendaient vainement encore des arcs immobiles. Ils ne passaient plus sur le sable sonore des allées, les beaux gentilshommes amoureux murmurant des madrigaux à l'oreille des belles, qui ne s'en effarouchaient guère, traînant leurs longues jupes soyeuses sur les gazons où maintenant les chardons crépus élevaient leurs chandelles mortes! Au spectre charmant de Marie-Antoinette succédait, se détachant sur le splendide décor du soir prêt à venir, la silhouette dodue et monstrueusement insolente de madame Cornélie Migoulette, qui déclarait que jamais elle n'avait mangé d'aussi bonne galette que celle du citoyen Langlois.

A vrai dire, deux êtres seulement parmi ces joyeux visiteurs étaient émus de cette désolation indécemment saluée de chansons et de rires : Eurotas d'abord qui, en sa qualité de véritable poète, gémissait de voir traiter ainsi les nobles images des Dieux, et dont la piété païenne était révoltée de tous ces sacrilèges. Fort sérieusement il fit, au nom du Peuple Français auquel il avait l'honneur d'appartenir, de dolentes excuses à une Vénus dont des polissons avaient mutilé la poitrine de marbre avec des cailloux. Il eut des larmes aux yeux pour les Tritons sans eau, pour les Nymphes aux sources taries, pour les Sylvains et les Faunes emprisonnés par les lierres et rongés par les mousses lentes. Mais pour une autre le spectacle était autrement poignant et, plus profondément dans l'âme, douloureux. Dans Erato se réveillait mademoiselle Laure de Fréneuse, l'aristocratique jeune fille que, tout enfant, on avait présentée à la Reine et qui avait gardé cette vision du Trianon triomphal où tout était musique, fleurs, parfums, enchantements. Les choses admirées tout petit se gravent si bien en nous!

Et puis ce n'était pas seulement la mémoire de cette journée au milieu des belles toilettes, des menuets soupirés par les violons, et des sourires qui l'oppressait, mais bien ce qui, dans ce bouleversement, était l'image de sa propre vie. Tout un monde était mort pour elle, le monde où elle était née. En elle aussi elle portait à jamais, dans l'ombre même de son berceau, des fleurs flétries, des musiques éteintes, des parfums évanouis. Il lui parut qu'elle marchait dans son propre mausolée, un mausolée immense où des fantômes aimés l'effleuraient sans lui parler. Entraînant avec elle la bonne Polymnie, elle s'isola du cortège bruyant de monsieur et madame Anaxagore, gagna, derrière des taillis embroussaillés, la solitude sur un coin de la terrasse dominant le lac; et là, devant l'indifférence du ciel joyeux, mais au murmure fraternel du feuillage qu'un premier souffle du soir prochain faisait frémir, elle laissa couler ses larmes, la tête dans le sein de son amie. Polymnie eut la tendresse assez intelligente pour ne pas troubler sa douleur.

Quand, au bruit de groupes qui s'approchaient, elle s'arracha à cette méditation éplorée, les deux femmes entendirent, au bas de la terrasse, sur les pierres dont l'herbe y était montée, — l'eau s'étant retirée depuis longtemps et le soleil y ayant brûlé les nénuphars à sec, — les pas d'un cheval. Instinctivement elles regardèrent et furent galamment saluées par le lieutenant Beauguignon, suivi à distance d'un hussard qui lui servait d'ordonnance. Le hasard l'avait-il conduit là, ou plus probablement avait-il, de loin, suivi la noce dans sa promenade? Polymnie, qui prit cette prévenance pour elle, en eut un coup au cœur. Elle aussi eut un souvenir cher qui lui passa sous le front, et ce souvenir était comme fleuri d'une vague espérance. Jamais Beauguignon n'avait été plus superbe dans son élégant uniforme, et dans la poussière d'or qui semblait s'écraser contre les hautes parois de la terrasse, il apparaissait comme dans une façon d'apothéose où les rouges clartés de l'occident mettaient d'héroïques fusées. Quand il fut assuré qu'il avait été vu, il piqua des deux, fit gravir à son cheval un talus, parmi les joncs qui lui criaient au ventre, et, au petit galop, disparut dans cette glorieuse fumée semblant celle des canons dont il n'avait pas entendu le bruit.

Tout à coup les sons du cor résonnèrent, évoquant les hallalis d'autrefois et l'entrain furieux des belles chasses royales. C'était tout simplement le citoyen Langlois qui s'était chargé de réunir les promeneurs égrenés dans le parc pour leur verser le coup de l'étrier. Le jour baissait rapidement déjà, en effet, et il était temps de rentrer à Paris. Madame Migoulette seule n'était pas de cet avis. Elle trouvait le limonadier très aimable, la campagne charmante et parlait d'y passer huit jours. On la hissa tout de même dans son carrosse et Eurotas se plaça auprès d'elle, pour lui prolonger les joies innocentes de la nature en lui disant des vers que la grosse dame écoutait en poussant des soupirs à faire tourner un moulin. Avant la fin de ce voyage du retour, elle s'était aperçue que ce n'était plus le limonadier Langlois mais le poète Eurotas qui lui plairait infiniment et comprenait à ravir la détresse de son âme. Ainsi des retours désordonnés de jeunesse montaient à la poitrine et aux lèvres de cette respectable dame. Quand on descendit de voiture, Eurotas très inquiet eut bien soin de disparaître, après lui avoir toutefois galamment offert sa main, sur laquelle madame Migoulette se percha un instant, comme un énorme perroquet.

On était à Tivoli, où s'empressaient déjà les Parisiens, au retour des Amathontes, où l'orchestre faisait déjà merveille sous les ombrages et parmi les plantes rares qu'y avait accumulées le guillotiné Boutin, là où avait jadis fleuri cette société du *Vendredins* que mademoiselle Quinault charmait de son esprit. Les souvenirs se pressaient aussi là, plus rapides qu'à Trianon, moins poignants aussi. Mais le présent y avait facilement raison du passé et le démêlé de Ruggieri avec le citoyen Gérard Desrivières pour l'exploitation de ce lieu de plaisir y était l'unique et peu intéressant objet de conversation. La noce d'Anaxagore fut versée dans ce flot humain où nous aurons grand'peine à la suivre. Car il n'y a là guère moins de dix mille personnes qui s'amusent ou qui font, du moins, profession de s'amuser.

Anaxagore, Eurotas et Papillon se firent cependant une place dans cette mêlée. Aidés d'un vigoureux garçon d'honneur, ils constituèrent un double quadrille, lequel ne fut pas sans obtenir un certain succès. Toutes ces demoiselles s'en donnaient à cœur joie. Eurotas avait oublié les mélancolies de Trianon, Papillon la tristesse de Robert, le garçon d'honneur son chapeau, et Anaxagore lui-même ne semblait pas se rappeler beaucoup qu'il s'était marié le matin. La joie d'enfant que prenait Calliope à danser n'était pas d'ailleurs pour le ramener au sentiment de ses idylliques devoirs. C'était, pour tous, un délicieux enivrement, un peu de cette folie dont tout le monde était alors saisi, et qui était comme la revanche des lointaines angoisses. Seul Eurotas eut un léger ennui. Il goûtait un plaisir aussi indiscret que foncièrement innocent à presser la taille de l'opulente Melpomène, quand madame Cornélie Migoulette, qui avait fini par le rattraper, déclara qu'elle aussi voulait danser. Mademoiselle Melpomène qui souhaitait une augmentation céda, avec une feinte joie, sa place à sa patronne, et le pauvre Eurotas dut faire pirouetter les deux cents livres que pesait madame Migoulette, très applaudi d'un public d'Incroyables, en un temps où les exercices olympiques étaient en grand honneur. Papillon, qui vivait décidément dans le domaine de la pure fantaisie, imagina de planter un petit moulin en papier, qu'il venait d'acheter, dans la chevelure affreusement dénouée de madame Migoulette, ce qui augmenta l'effet comique des tournoiements éperdus de celle-ci et valut à Eurotas, qui ne s'en doutait pas, des applaudissements plus bruyants encore.

Polymnie, qui ne voulait pas se séparer d'Erato, avait longtemps lutté contre l'entraînement général, les jambes lui démangeant terriblement cependant, à la pauvre fille. Erato s'aperçut du martyre qu'elle souffrait et, avec une gentillesse exquise, la supplia vivement de danser. Elle-même ne s'éloignerait pas de sa compagne. Que pouvait-elle risquer au milieu de tant de monde? Elle aurait mieux aimé rentrer certainement que rester dans cette cohue; mais elle craignait de froisser Calliope, en n'assistant pas jusqu'au bout aux fêtes de son hyménée.

Polymnie céda. Eurotas, enfin délivré de madame Migoulette, fut son premier danseur. Celui-ci sentit tout à coup un tremblement dans le bras de Polymnie. Tout en s'abandonnant au rythme et à ses anciennes délices rajeunies, Polymnie, dans la foule indécise, avait, au scintillement des lumières, reconnu parfaitement le mâle visage du beau lieutenant Beauguignon, quelque peu enluminé d'ailleurs et éclairé par un éclat extraordinaire des yeux. Et sa pensée se mit à tournoyer, sous son front, aussi éperdument qu'elle-même dans cette mêlée. Par un retour vers le passé, elle revit celui qu'elle avait aimé et trouva que Beauguignon lui ressemblait tout à fait. Beauguignon l'aimait. C'était sûr. Et elle-même sentait bien qu'elle l'aimait aussi. Si Eurotas, très convaincu, s'était douté combien était absente de lui celle qu'il entraînait dans ses bras, il eût certainement composé un sonnet sur l'impénétrabilité du cœur féminin. Mais il faisait consciencieusement des grâces, persuadé que Polymnie, dont l'esprit était si loin, lui en saurait un gré infini. Cependant celle-ci devenait vaguement inquiète, sans abandonner les mesures où la furie de l'orchestre l'entraînait. Beauguignon avait disparu.

Laure rêvait, sous des girandoles que le vent balançait aux branches, bien plus absorbée encore et inconsciente que Polymnie. Elle rêvait aux détresses de sa propre vie, quand tous ces indifférents semblaient si joyeux! Elle ne se retourna pas en entendant des pas alourdis faire crier le sable derrière elle. Elle ne bougea pas, bien qu'importunée, en sentant une haleine qui lui passait, tiède, sur le cou. Tout à coup deux mains la prirent à la ceinture. Elle bondit en avant et se retourna en se dégageant. Le lieutenant Beauguignon était en face d'elle, quelque peu trébuchant, avec un gros rire de soldat aux lèvres. Elle ne put contenir son indignation.

— Misérable! fit-elle. Laissez-moi!

— Ha! ha! ne nous fâchons pas, ma petite Erato! fit Beauguignon, en voulant saisir la chaise dont elle s'était barricadée. Vous voyez que je sais votre nom. Mais vous, vous ne savez pas que je vous aime. Allons! ne faites pas la sucrée. Une jeune fille qui travaille dans les modes et qui vient à Tivoli!...

— Laissez-moi! laissez-moi! Lâche! laissez-moi!

Il avait fait pirouetter la chaise contre un tronc d'arbre et essayait d'entraîner la jeune fille.

— Voyons! ma petite Erato!

Avec une énergie qu'on n'eût pas attendue d'un être aussi frêle, elle lui planta son coude, qu'elle avait dégagé, en plein visage, brisa le nœud dont il lui serrait les épaules pour l'embrasser, et, d'une voix vibrante, révoltée, impérieuse, où sonnait tout l'honneur indigné de sa race :

— Je ne m'appelle pas Erato! Je suis mademoiselle de Fréneuse!

Un cri sortit, tout à côté, d'une poitrine. En même temps, Beauguignon fut violemment appréhendé par deux mains furieuses qui le secouèrent. Il se débattait, à son tour, sous une étreinte forcenée, et sa force ordinaire, émoussée par une pointe d'ivresse, ne lui servait de rien. C'était Papillon qui, ayant aperçu de loin la scène, était accouru au secours d'Erato, Papillon à qui un mot venait d'apprendre, en même temps, qui était celle qu'il venait défendre si à propos. Un peu réveillé, cependant, par cette bousculade, Beauguignon commençait à regimber. D'une vigoureuse poussée, il fit lâcher prise à son adversaire, et, quand il s'en fut arraché :

— Dites donc, l'insolent, cria-t-il, vous allez me rendre raison tout de suite! En garde!

Et il dégainait.

— Pas avant, répondit Papillon, que j'aie mis en sûreté cette pauvre enfant et appris à un ami une bonne nouvelle. Je vous demande le reste de la nuit. Lieutenant, si vous voulez, demain matin, à votre service!

— Alors, il faudra que ce soit de bonne heure! répondit le lieutenant, ayant repris le sentiment subit des convenances en remettant le sabre au fourreau. Car demain à six heures nous devons être formés en régiment et nous partons pour la Hollande.

— Où pourrai-je vous rencontrer avant?

— Nous partons de Vincennes. A cinq heures demain matin dans les fossés, près de la poterne du vieux fort, s'il vous convient. Adieu, ou plutôt à revoir !

Et Beauguignon, légèrement dégrisé, redevenu correct par habitude de la discipline, s'éloigna. Alors Papillon, qui avait été un instant tout à l'émotion de ce drame, commencé seulement pour lui, chercha mademoiselle de Fréneuse. Mais Erato avait disparu. Il regagna les groupes où il reconnaissait des camarades d'atelier de la jeune fille. Aucune ne l'avait vue. Eurotas non plus, ni Anaxagore. Quant à madame Migoulette, interrogée à son tour, elle répondit, avec une petite pantomime très régence : — Turlututu! elle aura écouté quelque galant et elle a joliment bien fait! A Eurotas, il dit en passant : — J'ai besoin de toi demain à cinq heures, et, sur ce, il lui donna rendez-vous à Vincennes. C'est Polymnie que Papillon, au comble de l'inquiétude, rencontra la dernière.

Dans le rêve de celle-ci, toute frissonnante de la dernière danse, il jeta le nom d'Erato. Polymnie en fut subitement comme réveillée en sursaut. Fiévreuse, elle se mit à chercher avec Papillon, appelant, au milieu des rires des sots, fendant cette foule odieusement grouillante, bousculant les danseurs, qui se dispersaient, par des imprécations et par des impertinences. Ils furent bien une heure à s'obstiner dans ce dédale humain dont les chemins mobiles semblaient se fondre derrière eux.

Un grand éclat de poudre, une série de détonations répétées annoncèrent le feu d'artifice. Ruggieri triomphait du citoyen Gérard Desrivières! Il leur sembla que cette fusillade les atteignait au cœur. Sous des cendres étincelantes, sous une pluie d'étoiles multicolores, à travers le ronflement des soleils se déchiquetant en gerbes de feu, dans le sifflement des chandelles romaines montant vers leur épanouissement de fleurs brûlantes, l'angoisse dans la poitrine, ils continuèrent à chercher, la foule s'écoulant autour d'eux, comme un torrent, le vide et l'ombre se refermant derrière eux, comme le tombeau béant de Lazare. — Il faut que je rejoigne mon ami, fit Papillon, mais je serai là demain, à l'atelier, à huit heures. Et il ajouta, avec un peu de mélancolie : — A moins qu'un autre n'y vienne pour moi !

Ils se serrèrent la main, terriblement inquiets l'un et l'autre. En sortant, ils rencontrèrent le cortège nuptial qui s'était vaguement reformé. Eurotas battait la mesure, en tête, et tout le monde chantait :

> *Amour, de tes feux les plus doux*
> *Traverse la terre embrasée.*
> *Roses, ouvrez aux vents jaloux*
> *Vos calices lourds de rosée.*
> *— Anaxagoras est l'époux*
> *Et Calliope est l'épousée!*

XI

Papillon dut traverser Paris à pied, ou peu s'en faut, pour regagner son hôtel. Il était près de deux heures du matin, et la lune enveloppait d'une belle nappe d'argent fluide la pittoresque silhouette de la cité. Bien qu'il marchât rapidement, il pensait à la série des événements qui venaient d'avoir lieu et avaient empli cette journée, lui évoluant, de nouveau, dans le cerveau, en se déroulant à rebours pour ainsi parler. Le dernier et certainement le plus intéressant était la découverte si inattendue de mademoiselle Laure de Fréneuse dans la petite Erato. Une simple coïncidence était impossible. En causant avec les autres demoiselles de magasin de madame Migoulette, Papillon, qui savait leur petite histoire à toutes, avait été frappé du mystère qui entourait seule Erato.

C'était bien l'âge que devait avoir la fiancée de Robert. De plus, celui-ci avait fait, de mademoiselle de Fréneuse enfant, à son ami, des descriptions répétées, passionnées, si précises qu'il ne pouvait manquer de reconnaître la fleur dont le bouton avait été si souvent chanté devant lui. Cette chevelure brune aux reflets azurés, ces yeux pénétrants et doux, ce petit air fier et sauvage, c'était bien Laure et c'était bien aussi Erato. Il se rappela encore avoir vu un mouchoir à elle, brodé d'un L. Dans leurs recherches, d'ailleurs, à travers les municipalités, ils n'avaient trouvé trace d'aucune autre famille de Fréneuse. Le bonheur de Robert était certain!

Hélas! lui, le pauvre Papillon en aurait été l'ouvrier, mais aussi la victime. Il n'assisterait pas à cette joie de son ami heureux. Il était certain que le lieutenant Beauguignon l'expédierait, avant qu'il fût quatre heures de cela, dans l'autre monde. Beauguignon, dont on lui avait souvent parlé, était célèbre pour ses duels et n'avait jamais manqué son homme. C'était un dépêcheur *ad patres* connu; depuis le célèbre seigneur de Comminges, on en avait peu rencontré de pareils.

Papillon eut froid dans le dos. Nous avons déjà constaté, quand il était résolu à se tuer, qu'il n'avait, vis-à-vis de sa mort, qu'une insuffisante philosophie. Ce n'était pas drôle non plus de mourir à vingt-deux ans, et sans avoir créé le rôle de Cynéphore dans la *Deïdamia, reine des Amazones*. Papillon se prit à penser, avec une complaisance douloureuse, à toutes les qualités qui mourraient en lui, sans compter son génie dramatique. N'avait-il pas été bon fils, tout en faisant beaucoup enrager son père? Bon amant, bien que légèrement enclin à l'inconstance? Bon ami?... trop bon ami, puisque c'était l'amitié qui lui coûtait la vie! Il se fit, en règle et par avance, tout en traversant le Palais-Royal, une éloquente oraison funèbre. Comme le cygne, il se pleura et, quand il atteignit le pont et vit, sur la Seine, le scintillement infini des clartés d'argent de la lune et le mirage étincelant des étoiles, il pensa subitement que toutes les choses aussi se mettaient à le pleurer, l'eau, le ciel, les arbres qui murmuraient sur la rive, les crieurs de nuit, qui disaient l'heure aux passants attardés, et, dans le lointain, le théâtre Feydeau dont il ne ferait pas la fortune. Ce spectacle de la douleur de la Nature tout entière lui fit mal. Il s'en voulut de causer une peine si universelle. Pour un peu, il aurait crié à cette générale désolation : Calmez-vous! on ne meurt qu'une fois!

Mais cette fois-là est terrible pour celui qui la subit.

Quand il fut sur l'autre rive, ses pensées prirent un tour plus précis, par l'approche même de l'événement final. Il écrirait ses dernières dispositions et exprimerait, pour qui le jouerait à sa place, comment il entendait son rôle de Cynéphore. Et Angèle!... la pauvre Angèle Barigoule qui l'aimait toujours, que Robert des Aubières lui avait promis de reconquérir à sa tendresse! Eh bien, il lui adresserait les adieux les plus touchants, ceux-là mêmes qu'il avait rédigés quand il avait dû se tuer dans le jardin, et qu'il avait mis très apparents à l'entrée de sa poche. Il aurait mieux fait! Il n'aurait pas eu cette querelle avec un spadassin, pour un inconnu, en somme! Car enfin, ce Robert des Aubières, il n'en avait jamais entendu parler, il y a huit jours! Fatale rencontre! On lui aurait fait de belles funérailles et toute la jeunesse des Écoles aurait suivi les dépouilles de cet amant mort par amour! Il lui restait uniquement à composer son épitaphe quand il parvint au seuil de sa porte. Il avait même fait le premier vers :

Fleur ou Papillon, qu'étais-je?
. . . .

Il heurta doucement à la porte de Robert des Aubières. Mais celui-ci ne dormait pas. Etait-ce une façon de pressentiment du hasard qui allait lui rendre Laure? Les imbéciles seulement, qui ne se doutent pas que nous avons d'autres sens autrement subtils que les cinq qu'énumèrent les philosophes rudimentaires, doutent de ces rencontres entre les âmes que tend, vers le même but, une même pensée. Mais il s'était levé longtemps avant le blanchissement de la petite aube à l'horizon; il était demeuré dans la contemplation consolatrice des étoiles qui nous semblent les mondes où refleuriront peut-être nos bonheurs interdits ici-bas. Le brave Papillon, à qui la pensée de la grande joie de son ami avait rendu une façon d'héroïsme, n'eut cependant la force que de lui dire ces trois mots : — Mademoiselle de Fréneuse est retrouvée!

Et il haletait en prononçant ces paroles. Il lui fallut les répéter en voyant passer, dans les yeux de Robert, une joie si délirante qu'elle semblait une folie. Robert le regardait, sans avoir l'air de comprendre, mais avec une béatitude éperdue dans les traits. Puis il pâlit affreusement et tomba dans les bras de son ami, en sanglotant : — On t'a trompé. C'est impossible !

Le jour même, en effet, un renseignement trouvé à la mairie lui avait fait penser que madame de Fréneuse et sa fille avaient gagné l'étranger.

— Je l'ai vue, de mes yeux vue ! reprit Papillon en le rassérénant de son mieux. Et tu la verras demain !

— Ah ! courons ! je veux voir l'endroit où elle...

— Pas si vite, mon pauvre Robert. Tu as auparavant un pénible devoir à remplir.

— Et envers qui, Papillon ?

— Envers moi-même, répondit tristement le comédien. Il faut que tu m'accompagnes, dans un instant.....

— Où ça !

— Mais à ma dernière demeure.

— Hein !... que dis-tu ?

— Ou, mieux, au seuil de ma dernière demeure. Car je vais faire un petit voyage dont on ne revient pas, au moins sur ses jambes.

— Tu me fais peur.

— Je vais me battre avec un homme qui ne manque jamais son adversaire et qui m'attend dans les fossés de Vincennes à cinq heures.

— Mais comment ?

— C'est pour mademoiselle de Fréneuse que je me bats, mon ami.

Robert eut un sursaut.

— Mais je ne souffrirai pas ! s'écria-t-il. Nul que moi n'a le droit de se battre pour elle. Papillon, mène-moi vers le misérable. Ah ! si adroit qu'il soit, l'épée à la main, je te jure que je le tuerai.

— Impossible, Robert. La fatalité a fait visiblement choix de moi, dans cette circonstance. C'est moi qui ai bousculé indignement le lieutenant Beauguignon ; c'est moi qu'il a provoqué, et il ne consentirait jamais à te tuer avant de m'avoir tué moi-même. C'est un spadassin très méthodique et qui tient la comptabilité de ses affaires avec une parfaite régularité.

— Ah! n'importe!

— Il importe beaucoup, mon cher Robert. Il importe absolument que ma mort ne soit pas inutile à ton bonheur lequel, seul, me console d'être ainsi moissonné à la fleur de mes ans. Laisse-moi croire que, du moins, de mon sang des fleurs auront poussé sur ta route. Tu iras trouver, avec un mot de moi que je te donnerai avant de rendre l'âme, mademoiselle Angèle Barigoule et tu lui diras que je suis mort en héros. Tu le lui diras devant son odieux père, qui regrettera peut-être alors de n'avoir pas eu un gendre comme moi.

Et Papillon allait reprendre doucement son panégyrique. Mais Robert l'arrêta :

— Quel est ton autre témoin? demanda-t-il.

— Eurotas. Je lui ai donné rendez-vous dans les fossés du château de Vincennes.

— C'est un homme de cœur?

— Certes. Brave et loyal! Nous le retrouverons là-bas.

— Il suffit. Partons!

— Et des épées? fit Papillon subitement inquiet.

— Voici toujours une de celles que nous avons échangées le jour de notre rencontre.

— Et puis mon adversaire me prêtera bien une arme s'il le faut. Partons.

A peine furent-ils dehors que Robert interrogea son ami sur la façon dont il avait découvert la retraite de mademoiselle de Fréneuse. Quand il apprit que cette retraite était un élégant atelier de modistes et que la découverte avait eu lieu au bal Tivoli, M. des Aubières ne put retenir l'expression d'une surprise douloureuse. C'était comme un écroulement du rêve mélancolique qu'il avait fait. D'autant que Papillon ne put lui donner aucun détail sur la série d'événements qui avaient amené cette déchéance. Tout ce qu'il lui put dire, pour effacer cette pénible et poignante impression, c'est que la jeune fille était traitée avec une façon de respect particulière par ses compagnes elles-mêmes et qu'elle avait gardé je ne sais quoi de doucement fier où la race était écrite, qui aurait dû la faire deviner d'un plus clairvoyant que lui. L'impatience n'en était que plus grande chez Robert de retrouver la chère absente, de tout savoir, de chercher, avec elle, comment il la pourrait arracher à ce milieu indigne d'elle. Sa terreur, auparavant, était qu'elle ne se fût faite religieuse à quelque couvent dont l'ordre eût gagné l'étranger. Quelquefois, elle lui était apparue, triste et plus doucement belle encore sous le voile, des larmes y pendant comme les gouttes de rosée aux toiles des araignées automnales. Maintenant, il regrettait presque cette vision, et l'ombre silencieuse des cloîtres lui eût semblé moins terrible que la gaîté de cette boutique aux vitres indiscrètes, banalement ouverte à tous les passants. Il n'exprimait que fort peu des pensées qui lui venaient ainsi, en chemin; mais Papillon les devinait, sans doute, dans toute leur amertume; car il lui faisait naïvement de très mauvaise philosophie sur l'injustice de l'inégalité des conditions et sur le thème irritant qu'il y a d'honnêtes gens partout. Robert écoutait à peine cet inutile bavardage. Cependant, le pauvre Papillon, tout en dépensant peu à peu ces trésors d'éloquence, traînait quelque peu les talons, ayant passé, après une journée d'amusantes fatigues, toute la nuit debout.

— Prends mon bras, lui dit Robert. Mais tu vois bien que tu seras obligé de me faire battre à ta place.

Un fiacre, qui avait ramené des promeneurs attardés, passait, en cahotant, au moment où ils atteignaient, rue Saint-Antoine, l'église Saint-Paul, dont la rosace, au vitrail jaune et rouge, éclairée du dehors seulement, semblait, comme l'œil d'un mort, rayonner sur eux de l'ombre. Papillon regarda dans sa poche.

— J'ai encore trois écus francs, fit-il. Montons!

Après avoir hargneusement discuté le prix, le cocher les laissa s'asseoir dans le méchant carrosse aux velours usés et qui se remit en route, au trot d'un cheval haletant, avec un bruit de ferraille et des cinglées de fouet dans l'air vif. Ainsi, par le faubourg, Robert ayant, pour ne plus parler, l'excuse du vacarme de la voiture, et Papillon, son extrême fatigue pour ne lui pas continuer son sermon, silencieux, affectueusement serrés l'un contre l'autre, chacun isolé, pourtant, dans sa propre méditation, parvinrent-ils en vue du donjon, devançant l'heure du rendez-vous, au petit matin encore et avant qu'Eurotas s'y fût lui-même rendu. Mais Papillon était sûr de son poète.

Malgré l'oppression qui était en eux de leur propre pensée, ils n'échappèrent pas à ce bien-être passager qui nous vient, du dehors, sous certaines impressions consolatrices de la Nature. Aux malades eux-mêmes, derrière les rideaux blancs qui en tamisent la pâleur, la Nature apporte un furtif soulagement. Une sorte d'espérance vague, de confiance sans raison dans la destinée, leur vint de ce réveil de toutes les choses saluant la lumière libératrice, chassant au loin les ombres, déliant l'âme des parfums et des chansons.

Ils s'assirent au talus du fossé, l'un près de l'autre, regardant dans le vide, goûtant le repos d'un hébétement silencieux. C'était, à leurs pieds, un scintillement de rosée, un fourmillement d'insectes obscurs, des volubilis s'ouvrant lentement, comme des yeux lourds de larmes, le long d'une haie voisine, et les papillons y venaient palpiter de l'aile comme de vivants calices. D'un brouillard très léger, la tour et le vieux château étaient estompés, ayant quelque chose de flottant, comme la vision redoutable de la guerre au milieu de tous les apaisements de l'aube. Ce voile flottant s'épaississait, par longues traînées horizontales qui coupaient quelquefois complètement les silhouettes, et dans lesquelles venait se jouer la lumière rose du soleil montant à l'horizon.

Et tous deux, dans cette façon d'anéantissement qui leur venait de l'excès des angoisses passées, n'avaient qu'un même rêve dans leur esprit engourdi. Être là, non plus seuls, ainsi, mais auprès de la bien-aimée pour qui ils avaient tant souffert. Et, dans ce décor ému où frémissaient les feuillages, où murmuraient de lointains ruisseaux, Robert auprès de Laure, Papillon auprès d'Angèle, se voyaient comme de paradisiaques amants assis parmi les hautes fleurs, soupirant des mots de tendresse, les deux jeunes filles plus belles encore du charme mystérieux dont elles étaient enveloppées, ayant aussi, comme les fleurs, des diamants dans la chevelure, comme les oiseaux, une musique dans la voix.

A cette illusion fragile, ils s'abandonnaient tous les deux, craignant qu'un souffle de l'air, un bruit de pas fît évanouir ces chères images. Et tout le roman de leur vie déplorable se transformait en une suite de félicités, d'oublis délicieux de tout ce qui avait été leur torture. Plus d'échafauds, plus de parvenus enrichis, plus d'exil; ils étaient, tous les deux, revenus au jardin où, tout enfants, Robert dans un parc somptueux, Papillon dans un petit parterre bourgeois, cueillaient les premières violettes, celui-ci pour Laure et celui-là pour Angèle.

Ils furent réveillés de ce souvenir, et brusquement rejetés dans la réalité, par l'arrivée d'Eurotas. Celui-ci, toujours fort occupé de sa mise, après avoir consulté son baromètre, pour savoir s'il prendrait sa canne ou son parapluie, avait eu le temps de se refaire une impeccable toilette, et une toilette de circonstance, la tenue mélancolique et de bon goût d'un ami qui en accompagne un autre à son dernier gîte. Car Eurotas ne doutait pas un instant que Beauguignon embrochât l'infortuné Papillon comme une mauviette. On lui avait conté, en effet, après le départ de celui-ci, ce qui s'était passé. Le poète avait donc la solennité attendrie des derniers adieux sur son visage, et il portait un habit violet, d'un joli ton demi-deuil qui lui seyait, d'ailleurs, à ravir.

Avec le mouvement dramatique qui convient, il s'en fut serrer vivement la main de son client et s'inclina, avec un imperturbable sérieux, devant M. des Aubières qui le regardait avec étonnement. Après quoi il retourna auprès de Papillon et lui dit d'une voix émue : — Tu verras, pauvre ami, quelle épitaphe touchante en vers je te ferai! Avec conviction et en lui serrant affectueusement les doigts, Papillon lui dit : Merci! Une fanfare annonça que cinq heures allaient sonner. Trois hommes apparurent, en même temps, dans le brouillard, qui descendirent de cheval et s'avancèrent : le lieutenant Beauguignon et deux de ses camarades, dont l'un portait une paire d'épées. On se salua gravement.

Les quatre témoins allaient s'aboucher, quand Beauguignon fit un geste de la main aux siens pour les arrêter. Ils obéirent. Contrairement à tous les usages, le beau lieutenant s'avança seul vers Papillon qui faisait, ma foi, assez bonne contenance, tout en croyant, sincèrement, sa dernière heure venue, et d'un ton très doux :

— Monsieur... votre nom ?

— Papillon.

— Eh bien! monsieur Papillon, j'ai l'honneur de vous apporter mes excuses.

Et les militaires qui accompagnaient le lieutenant, eurent comme un sursaut d'indignation ; mais toujours très calme, le lieutenant leur imposa le silence du geste :

— Laissez-moi finir, mes amis, et pardonnez-moi de vous avoir amenés ici pour un pareil spectacle. Mais l'insulte ayant été publique, il fallait que la réparation le fût aussi. D'ailleurs, je n'en suis pas, que je crois, à faire une preuve de courage. J'ai eu tort, monsieur Papillon ; j'étais gris, je le confesse, et je vous exprime tous mes regrets de ce qui s'est passé...

Papillon, muet, n'en croyait pas ses oreilles.

— C'est trop fort! ne put s'empêcher de dire un des compagnons du lieutenant. Beauguignon l'entendit.

— C'est comme ça, mon brave! fit-il. Mais, sois tranquille, ce n'est pas parce que j'ai tort que je fais des excuses ; si on ne se battait jamais que quand on a raison! Seulement j'ai réfléchi cette nuit.

Et, s'adressant à tous, sur un ton d'émotion aussi inattendu que sa conduite :

— Oui, messieurs, j'ai beaucoup réfléchi, cette nuit, quand les fumées du vin se furent envolées. Et j'ai pensé qu'au moment où l'on va partir pour la guerre, où la Patrie a besoin de tous ses enfants, un soldat n'avait ni le droit de risquer sa vie, ni celui de tuer un Français qui sera peut-être un soldat demain. Je garde mon sang pour la première bataille, monsieur Papillon, et je vous souhaite de donner, un jour, comme moi, votre vie pour votre pays!

Et le lieutenant, dont les lèvres viriles frémissaient d'enthousiasme, était vraiment si beau que tous le regardaient avec une sympathique admiration. Comme un refrain martial aux paroles qu'il venait de dire, les trompettes sonnèrent au donjon. Elles sonnèrent l'assemblée.

— Adieu! messieurs. Mes amis, en selle!

Et, après avoir serré la main de Papillon, Beauguignon regagna son cheval. Les deux autres militaires enfourchèrent leurs montures, et, quelques étincelles jaillissant sous les sabots au toucher froid de l'éperon sur les flancs, tous les trois disparurent dans la brume où leurs rouges manteaux taillaient des pyramides d'ombre, cependant qu'un rayon d'apothéose, un rayon rouge de soleil comme pour le commencement d'une gloire, passait entre les nues et mettait, au-dessus de leurs têtes, une vibration de pourpre et d'or.

— Quel héros! fit le premier Eurotas. Je lui donnerai un nom grec pour mettre cette aventure au théâtre, et, s'il meurt dans un combat, c'est à lui que je ferai une épitaphe en vers, puisque la tienne m'échappe, ô fuyard Papillon!

Et Eurotas, qui avait, ma foi, des larmes aux yeux, souriait tout de même. Robert et Papillon se regardaient.

— En voilà un qui a mieux compris la vie que nous! fit mélancoliquement le premier, M. des Aubières. Tous mes aïeux étaient soldats et ils avaient bien raison.

— Tous les miens étaient lunetiers, reprit Papillon; mais, pour oublier un chagrin d'amour, j'estime qu'un sabre vaut mieux que la meilleure poudre à polir le verre. Eurotas a raison, cet homme est un héros. As-tu vu, Eurotas, ce geste : — Et je vous souhaite de donner un jour, comme moi, votre vie pour votre pays! C'était à peu près ça, n'est-ce pas?

Et Papillon imitait le geste, et cherchait à retrouver l'intonation. L'inguérissable comédien reparaissait sous l'homme. Robert en eut un moment de révolte et de dépit :

— Oui, c'est un héros, fit-il, parce qu'il agit et ne se contente pas de parler.

Et se rapprochant de Papillon, de façon à être entendu de lui seul :

— Viens! viens! ne devines-tu pas dans quelle angoisse je vis encore?

— Pardonne-moi! lui dit le bon Papillon. Mais ne veux-tu pas qu'Eurotas soit des nôtres?

M. des Aubières eut un geste d'hésitation. Il n'était pas encore tout à fait revenu de sa méfiance à l'endroit du poète. Papillon ajouta :

— Bien plus que moi il connaît, sans le savoir, mademoiselle de Fréneuse.

Robert n'hésita plus. Une telle curiosité passionnée était en lui de connaître tout ce qui touchait à Laure !

— Soit ! fit-il. Mais ne lui dis que ce qui est nécessaire.

Papillon avait compris. Avec une bonhomie jouant l'indifférence :

— Tu vas m'accompagner, si tu le veux bien, dit-il à Eurotas, jusque chez madame Migoulette. J'y veux prendre des nouvelles de mademoiselle Erato, qui doit être très souffrante encore de ces terribles émotions. Mon ami Robert, dont tu avais bien voulu accepter le concours, comme témoin, quand je me devais battre, et que je te présente, a connu autrefois cette jeune fille dont je lui ai conté l'aventure d'hier soir, il s'intéresse à elle, et nous accompagnera.

— Pauvre petite Erato ! fit Eurotas avec conviction. Ce soldat est certainement un héros, mais c'est une brute tout de même ! S'attaquer à cette enfant qui porte l'innocence sur le visage aussi bien que dans le cœur, que nous respectons tous plus encore que nous ne l'aimons, qui se trouve là on ne sait comment. Car elle a bien plutôt l'air faite pour porter d'élégants chapeaux que pour en fabriquer de ses petits doigts, la chère mignonne à qui j'ai donné le nom de la plus pure des Muses, n'ayant jamais, d'ailleurs, su le sien. Tiens ! tu as eu décidément tort de ne pas tuer cet animal !

Robert buvait les paroles d'Eurotas. Elles lui étaient comme un baume qu'eût mis sur sa blessure la pitié d'un Dieu. Les yeux humides, instinctivement, il s'approcha du poète, et il avait plaisir à lui toucher la main pendant qu'il continuait ainsi :

— Non ! vraiment, ces spadassins ne connaissent rien aux femmes ! Celle-là, on voit bien tout de suite ! Elle vous désarme avec la candeur de son regard ! C'est la seule à qui je n'aie jamais, moi-même, osé faire un brin de cour. Si ! il y a aussi mademoiselle Polymnie, son amie, parce que j'aime mieux les roses un peu moins épanouies. Mais cette divine petite Erato ! Ah ! vous l'avez connue autrefois, Monsieur ? C'est, maintenant, une grande demoiselle, avec un air grave, mais bonne et bienveillante à tous. Ah ! que n'ai-je la résignation du mariage ! Mais un poète se doit à l'amour. Elles seraient trop à souffrir si je passais ce redoutable Achéron. Leurs larmes en feraient une mer. Eh! bien voulez-vous mon opinion? Toutes leurs faveurs ne vaudraient pas pour moi un regard d'Erato.

Et il ajouta avec mélancolie : — Seulement, mademoiselle Erato ne me regarde jamais.

Le brave Papillon jouissait silencieusement du bonheur qu'avait eu Robert à entendre toutes ces choses, tandis que tous les trois cheminaient, hâtant le pas et cherchant un véhicule pour arriver plus tôt rue Saint-Honoré. Il fallut, à leur impatience, se contenter de la voiture d'un maraîcher qui, voyant Papillon boiter de fatigue, le prit en pitié. Une odeur fraîche de légumes leur monta aux narines, et Eurotas déclara que jamais il ne s'était senti mieux en verve pour composer une idylle. Des vers virgiliens lui sonnaient dans la mémoire, le *Mulcebant zephyri natos sino semine flores* Ovidien, cependant qu'il avait coiffé sa tête d'une énorme feuille de chou et s'était fait un thyrse d'un rameau de verdure. Robert bouillait d'impatience. Papillon tombait de lassitude et s'endormait malgré lui. Ainsi arrivèrent-ils dans le voisinage de la rue Croix-des-Petits-Champs et y descendirent-ils. Robert sentait ses jambes se dérober sous lui en approchant de la maison qui se dressa devant lui, au détour de la rue. Eurotas entra le premier dans la boutique, dont l'étalage de chapeaux n'était encore qu'à l'état d'ébauche.

XII

On y entendait la voix aiguë de madame Migoulette qui d'ordinaire, cependant, n'y était pas arrivée d'aussi bonne heure. Madame Migoulette semblait exaspérée et il y avait un air singulier de tumulte dans toute la maison. Ces demoiselles allaient deci, delà, causant entre elles, se faisant des confidences, dans une toilette matinale pleine d'abandon, et c'était un ondoiement de chevelures, brunes et blondes, dénouées sur de petits corsages clairs où les tailles n'étaient pas précisément emprisonnées. Et les exclamations couraient sur les lèvres et les petites mains se levaient en l'air. — L'auriez-vous cru, ma chère! — C'est tout de même trop fort. — L'eau qui dort est la plus perfide! — Moi je l'avais toujours dit! — C'est égal, sans prévenir personne! Comme un sifflement de merle, la voix méchante de mademoiselle Euterpe dominait ce babillage de fauvettes. On y entendait passer les mots les plus blessants pour son ancienne compagne! Madame

Migoulette était si fort affairée dans ses imprécations qu'elle ne regarda pas seulement les nouveaux venus et, croyant à de vagues clientes, baissa simplement le ton pour dire la phrase légendaire : — Servez mesdames, mesdemoiselles ! Chez elle, la gravité professionnelle ne perdait jamais ses droits.

— Pourrions-nous dire un mot à mademoiselle Erato ? lui demanda Papillon avec infiniment de courtoisie.

Madame Migoulette bondit, ce qui fit trembler le sol et tinter les vitres.

— Mademoiselle Erato ! Allez la chercher où elle est maintenant !

— Avec son amie Polymnie ! fit ironiquement mademoiselle Euterpe.

— Ces deux demoiselles ont jugé à propos de déménager cette nuit ! continua madame Migoulette avec colère. Elles me laissent en plan un jour où nous avons plus d'ouvrage à livrer que jamais. Elles déshonorent ma maison !

Papillon et Eurotas murmurèrent en même temps :

— Comment ! parties !

Robert était pâle comme un mort, son angoisse était telle que ses dents claquaient. Il écoutait comme sans comprendre. Madame Migoulette poursuivait :

— Oui, parties ! parties comme des voleuses ! Voilà ce que c'est que de leur avoir donné une chambre séparée. On est récompensé comme ça du bien qu'on fait aux gens ! Cette petite Erato, dont personne ne connaissait les allants et les aboutissants, passe encore ! Je m'en étais toujours méfiée. Mais Polymnie, en qui j'avais mis ma confiance entière ! Polymnie, une autre moi-même ! Polymnie à qui j'aurais cédé ma boutique. Mais où ont-elles pu aller ?

— Il faudra demander ça au lieutenant Beauguignon, fit en ricanant mademoiselle Euterpe.

Robert sentit comme un coup de couteau au cœur. D'une voix mourante, il demanda tout bas à Papillon :

— Tu ne sais pas, toi, ce qu'elles ont pu devenir ?

Papillon fit le geste désespéré d'un homme qui ne sait rien. Puis, s'adressant violemment à mademoiselle Euterpe :

— Vous, vipère, vous vous tairez !

Mais mademoiselle Euterpe regimba :

— Ah! oui! vous la défendiez toujours! Au fait, vous en étiez peut-être amoureux et c'est pour ça que vous ragez maintenant. Vous étiez toujours aux petits soins pour elle!

— Euterpe, tu es une méchante fille! fit à son tour Eurotas intervenant.

— Les coquines! les coquines! criait madame Migoulette. Je les ferai prendre par la police! Comment vais-je faire aujourd'hui?...

Mademoiselle Melpomène entra radieuse, une lettre déployée à la main.

— Écoutez! écoutez! fit-elle. J'ai trouvé quelque chose.

— Ah! ah! du nouveau! du nouveau! Taisez-vous! firent toutes les petites voix.

— Une lettre d'Erato, dans sa chambre, cette lettre qui était tombée...

— Adressée à qui?

— A madame Migoulette.

— Et vous l'avez ouverte, mademoiselle? fit sévèrement madame Migoulette en prenant la lettre des mains de mademoiselle Melpomène devenue très rouge sous sa tragique chevelure.

Ce fut un susurrement d'impatiences contenues et de chuchotements anxieux autour de la vénérable dame, quand, ayant assis sur son nez les hautes lunettes à la mode, elle commença de lire. Robert était plus mort que vif, Papillon et Eurotas partageant fraternellement l'angoisse de leur ami. Et madame Migoulette lut :

« Madame, c'est mal reconnaître les bontés que vous avez eues pour moi que vous quitter sans vous dire adieu. Mais le courage me manquerait peut-être pour le faire et ma résolution est bien prise. Malgré toutes les attentions et tous les égards que ces demoiselles ont eus pour moi, malgré la convenance parfaite qui règne dans votre maison... »

— Elle est bien bonne de le reconnaître! interrompit ironiquement madame Migoulette.

— Voyez-vous la bégueule! fit mademoiselle Euterpe.

« ...Je m'y sens trop exposée pour une jeune fille qui n'a d'héritage que le nom qu'elle a dû vous taire... »

— Oh! oh! un roman! continua mademoiselle Euterpe.

— C'est gracieux pour nous! continua mademoiselle Thalie.

« ...Ma tristesse et mon secret étaient, pour toutes, un fardeau. Il y a longtemps que je voulais renoncer à cette vie, bien qu'on fît tout au monde pour me la rendre douce. L'insulte que j'ai dû subir tout à l'heure hâte l'exécution de mon dessein. Je ne sais pas comment je ne suis pas morte de honte... »

— Quelle comédie! reprit mademoiselle Euterpe.

« ...S'il existe encore un seul cloître en France et que je puisse aller jusqu'à lui, je veux m'y enterrer pour jamais. S'il n'en est plus, je préfère la mort à une existence sans protection dans le présent, sans joies honnêtes dans l'avenir. Dieu aura pitié de moi. Il me pardonnera comme vous. Adieu! »

Robert étouffa un sanglot dans sa poitrine. Eurotas et Papillon le contemplaient, consternés, muets, immobiles comme lui. Madame Migoulette froissait nerveusement la lettre, tandis que les commentaires reprenaient, à mi-voix et plus animés que jamais, parmi ces demoiselles. Tout à coup, madame Migoulette s'écria :

— Et le chapeau de mademoiselle Barigoule?

— C'est vrai! c'est vrai! dirent toutes ces demoiselles.. C'est Erato qui devait le lui porter ce matin.

— Avant huit heures, fit la douce Euterpe en précisant.

— Et mademoiselle Barigoule en a besoin tout à l'heure pour aller à un mariage. Vite! vite! qu'on le cherche! Vous le porterez tout de suite, Clio.

Mademoiselle Clio fit la grimace : — C'est moi, maintenant, qui aurai les corvées, grommela-t-elle. On se mit à chercher partout. Ce fut un bouleversement de cartons, un tohu-bohu de coiffures mises au vent.

— Rose pâle, avec un turban à petites perles et un chiffonnage de tulle au fond! criait madame Migoulette. Mon chef-d'œuvre de cette année!

Et ces demoiselles continuaient à tout bousculer en maudissant Erato, et mademoiselle Polymnie qui, elle, aurait su, certainement, où était ce maudit chapeau. Pendant qu'on cherchait :

— Allez donc voir, Melpomène, fit madame Migoulette, dans la chambre de ces demoiselles. Le chapeau y est peut-être, ou bien mademoiselle Polymnie nous aura laissé, comme mademoiselle Erato, l'expression de ses dernières volontés. Tas de farceuses !

Et madame Migoulette écumait sous ses hautes lunettes. Robert et ses amis, cloués au sol, attendaient toujours. Mademoiselle Melpomène revint les mains absolument vides. Pas l'ombre d'un chapeau dans la chambre abandonnée et pas un mot de Polymnie sur un meuble ou dans les tiroirs soigneusement fouillés. Toutes les demoiselles ayant touché leur mois la veille, la situation des deux fuyardes était d'ailleurs la plus singulière du monde au point de vue de l'honnêteté.

— Parbleu ! c'est bien simple ! fit mademoiselle Euterpe.

— Bien simple, quoi ? demanda madame Migoulette.

— Mademoiselle Erato, pour courir le monde, aura eu envie d'un joli chapeau.

Papillon et Eurotas se retinrent pour ne pas étrangler la péronnelle. Une vive protestation, d'ailleurs, s'éleva de la part de ces demoiselles.

— C'est cependant clair comme le jour ! fit madame Migoulette.

— Sortons ! dit Papillon à Robert.

Et Eurotas et lui emmenèrent M. des Aubières trébuchant comme un homme ivre. L'air de la rue lui passant au visage, ce fut comme s'il sortait d'un nouveau rêve, et, fondant en sanglots :

— Perdue pour jamais ! dit-il, qui sait ! peut-être morte !

— Du courage ! lui dit Papillon.

Mais le malheureux poursuivait :

— Ne l'avoir retrouvée un instant que pour qu'elle me soit une seconde fois, et plus cruellement ravie encore ! Ah ! vraiment la fatalité est trop lourde pour moi. Cette fois-ci, c'est l'inguérissable désespoir.

Et, tout en murmurant de banales et douces paroles à son oreille, Papillon et Eurotas étaient bien près de penser, au fond, comme lui. Oui, c'était l'inguérissable désespoir ! Ainsi s'attachent à certains hommes, semblant si bien faits pour le bonheur, de mystérieuses fatalités.

— Laure ! Laure ! répétait Robert. Puis il se taisait.

Et, tout à coup, d'une voix plus douloureuse encore :
— Il n'y a plus de cloîtres en France aujourd'hui. C'est bien la mort!

Et, se disant qu'elle avait quitté cet asile, indigne peut-être, mais au moins sûr, depuis bien des heures déjà, peut-être, un frisson lui venait qu'elle n'eût accompli son funeste dessein. Quand Eurotas, très ému aussi, et Papillon l'entraînant, il se retrouva tout à coup vis-à-vis de la Seine, il eut comme un éblouissement, comme une défaillance. Qui sait si le fleuve ne roulait pas déjà Laure dans ses flots?

Quand ils furent rentrés, Robert s'étendit, inerte, sur un canapé où il demeura les yeux grands ouverts, mais sans mouvement, anéanti.

Pendant qu'Eurotas, décidé à le veiller aussi, — car on redoutait que cet abattement ne fît place à quelque dangereuse résolution, — chiffonnait négligemment une gazette, pour se donner une contenance, Papillon dépouilla machinalement une façon de correspondance qu'il n'avait pas ouverte depuis deux jours. Une lettre dont il reconnut l'écriture attira vivement sa main et il en froissa impatiemment le cachet. Quand il l'eut parcourue avidement, puis relue deux fois, comme pour se bien convaincre de ce qu'elle contenait, il se contenta de dire tristement :

— Il y a décidément aujourd'hui du malheur pour tout le monde.

Elle était, cette lettre, d'un laquais du sieur Barigoule, laquais absolument dévoué à Papillon qui lui avait quelquefois donné des places de théâtre. Or cet homme l'instruisait à la hâte que le matin même le citoyen Barigoule avait solennellement promis la main de sa fille Angèle au jeune procureur Pistache, magistrat de grand avenir et infiniment intrigant devant Thémis. On devait, de plus, hâter les choses, et il se mêlait à tout cela, d'après ce qu'avait surpris ce discret domestique, des affaires d'argent dont la conclusion était nécessaire au crédit de Barigoule. Il était donc tout à fait à craindre que la tendresse de mademoiselle Angèle pour son père fût intéressée à cette fâcheuse union. Et, pour la première fois de sa vie, Papillon pensa : « Et ce doit être pour qu'elle soit plus heureuse qu'elle en épouse un autre que moi! »

— Ah! mon Dieu! fit Eurotas qui avait enfin jeté, sans grande attention d'ailleurs, les yeux sur le journal qu'il avait entre les mains.

— Quoi donc? fit Papillon avec un sourire navré. T'arrive-t-il, au moins, à toi, quelque bonheur?

— Non pas, fit Eurotas. J'ai ma part de la malechance commune. Voici que la Compagnie Portarieu a gagné son procès contre le directeur Sageret. Sageret est dépossédé du théâtre Feydeau. Une fois de plus *Deïdamia, reine des Amazones* ne sera pas encore jouée. J'en ai pour longtemps encore à ne pouvoir montrer, aux belles qui veulent bien prendre mon bras pour aller au théâtre, que l'éternel *Charles IX !* Mon pauvre Cynéphore, tu ne diras pas encore mes vers cette fois-ci !

Et Eurotas, lui aussi, tomba dans une véhémente mélancolie.

Les trois amis n'avaient pas eu le courage de déjeuner. Sur leurs fatigues à jeun, la grande chaleur du jour s'abattit. Elle filtrait à travers les persiennes fermées, et des raies jaunes de lumière en tombaient sur le parquet, une petite poudre dorée reliant ces interstices de jour ardent à leur image sur le sol. Dans cette vibration de soleil en poudre, passait le bourdonnement lent et vitreux des mouches. C'était une façon de canicule au dehors, rendant les rues silencieuses, et faisant taire jusqu'à la chanson joyeuse des oiseaux sur les toits. Une coulée de plomb passait sous leurs fronts sans pensée. Chacun dans son fauteuil et la tête renversée en arrière, Papillon et Eurotas s'endormirent, cependant que Robert, en proie à une douleur plus âpre, ne fermait les yeux que pour qu'on ne troublât pas, par des mots, son recueillement désespéré. Papillon et Eurotas eurent des cauchemars sans doute. Car de temps en temps le premier, d'une voix saccadée, répétait avec fureur :

— Pistache ! Pistache ! et secouait convulsivement les poings, tandis que le second, avec une pantomime pareille, mâchonnait, entre ses dents serrées, les noms de Portarieu et de Sageret.

A quatre heures environ, Eurotas s'éveilla le premier en disant :

— Sacristi ! que j'ai faim !

— Moi aussi ! fit Papillon avec franchise, en étirant largement ses longs bras.

Il y a toujours, dans le sommeil, un peu d'oubli. Seul Robert demeurait inerte. Papillon, effrayé de son immobilité, alla lui frapper sur l'épaule :

— Sortons! lui dit-il. La grande chaleur est passée et il ne faut pas nous laisser mourir d'inanition. Allons, ami, du courage! nous en avons besoin tous les trois.

Et il ajouta presque gaiement :

— C'est tout ce qui nous reste. Car, de mes trois écus de ce matin, je n'en ai plus que la moitié d'un.

— Ça fait un écu à nous deux, fit Eurotas, et j'ai d'ailleurs un banquier. Oui, mon tailleur. Comme il trouve que je fais grand honneur à ses habits, il a toujours peur que je le quitte; et, comme il s'est aperçu que je ne les lui payais jamais, il aime quelquefois tout autant me donner un peu d'argent de poche que me faire une nouvelle culotte. Ça ne lui coûte pas plus cher et ça lui évite de voir les vêtements qu'il a artistement taillés, désassortis, à peine portés, chez des marchands de défroques.

Robert, après s'être passé plusieurs fois les mains sur le front comme pour en chasser de pénibles images, les suivit.

Malgré l'abattement où il était, une impression de santé et de jeunesse, cette fièvre de vivre qui demeure au fond de toutes nos douleurs, lui vinrent de l'air tiède, où il plongeait, et qu'emplissaient encore toutes les joies vibrantes de la lumière. Papillon et Eurotas, oubliant leurs propres ennuis, se battaient généreusement les flancs pour l'égayer.

— Je sais, dit Eurotas, un hôtelier où nous serons traités à merveille sans bourse délier : celui de l'excellent tailleur qui s'est constitué ma providence. Car ce cher homme sait bien que si je maigrissais, ses habits feraient beaucoup moins bien sur mon dos. En route pour le faubourg Saint-Denis qui recèle ce trésor !

Aller ici ou là, que leur importait? Ils marchaient devant eux avec l'indifférence parfaite du but. Des voitures les frôlaient, pleines de godelureaux élégants et de belles filles qu'elles emportaient vers les gaîtés suburbaines, le rire aux lèvres et des fleurs au corsage. Tout ce Paris épileptique de joie secouait leur torpeur de son vacarme. Mais aussi, ce qui demeure dans toutes nos folies, cette griserie sincère des sens que nous respirons dans l'air, que nous buvons avec le soleil, les pénétrait doucement. Ils oubliaient.

Un bien-être vaguement sacrilège les arrachait à l'amertume légitime de leur pensée. Les images de Laure et d'Angèle y flottaient, plus indécises, comme si un peu de ce beau brouillard d'or que le couchant versait par les rues les eût enveloppées, leur eût mis des ailes pour s'enfuir. Dans cet assoupissement artificiel de leur chagrin ils marchaient.

Avec un faux entrain, ils s'allaient mettre à table, quand le bruit lointain de musiques militaires leur vint frapper l'oreille. En même temps, un grand mouvement sur la chaussée, du peuple courant au-devant des soldats : ouvriers en tablier de travail, femmes en cheveux, commis de boutiques en manches de chemise et la ribambelle d'enfants qui semble sortir des pavés, comme une moisson d'ivraie, partout où résonne le clairon. Et c'était un bourdonnement de paroles dans cette foule qui emporta les trois amis rapidement descendus, comme une vague qui cueille une épave sur la grève. Ceux qui savaient disaient aux autres et ceux qui ne savaient pas parlaient plus encore.

Eurotas eut un souvenir de la gazette qu'il avait lue, tout à l'heure, et où il avait appris la déconfiture de Sageret. Le général Brune partait, à la tête d'une armée, pour aller combattre les Anglais et les Russes en Hollande. Papillon se rappela aussi que le lieutenant Beauguignon lui avait annoncé son départ. En s'avançant perpendiculairement au cours de la Seine, la clameur des trompettes et des tambours venait de droite. C'était la garnison de Vincennes traversant Paris pour s'aller mettre en formation à la porte de Saint-Denis, rendez-vous de toutes les troupes devant prendre part à la nouvelle expédition. Il avait fallu que Robert, Eurotas et Papillon fussent aussi complètement absorbés, par leurs propres soucis, pour n'avoir ressenti aucune vibration réflexe du grand mouvement d'enthousiasme qui était dans le vrai peuple, au cœur de la Nation qui, en dépit des godelureaux et des belles filles, passe et agit.

Ah! l'Europe se coalisait encore contre la France! Elle n'en avait pas encore assez des victoires de Bonaparte et de Masséna! On nous menaçait au Nord pendant que nous triomphions au Midi! Et ce nom de Brune, qui avait déjà si bien mené de glorieuses campagnes, volait de bouche en bouche.

Des bureaux d'enrôlements volontaires avaient été ouverts aux municipalités. Des chefs de corps avaient été également autorisés à en recevoir. Le sentiment du péril rendait quelque virilité à la vieille âme française.

Le flot humain roulait toujours vers le point du boulevard où la rue venait se briser et se perdre comme un affluent, le flot bruyant où se mêlaient toutes les voix, où dominaient celles des enfants et des femmes.

Une véritable digue de curieux déjà en place l'arrêtait ; mais, rapidement défoncée par endroits et sous l'effort des poussées, laissait les eaux nouvelles se mêler à celles du grand fleuve circulatoire. Un hourra formidable salua, dans le tumulte des musiques militaires rapprochées, le rayonnement parallèle des fusils obliquement posés sur les épaules et étincelants, au soleil, comme les longues gouttes d'une averse d'orage ; le frisson des drapeaux déployés ; l'éclair des sabres des officiers devenant de plus en plus distincts, malgré la poussière qui flottait, au-dessus de tout cela, comme une fumée.

Les musiques entonnèrent le *Chant du Départ*, et ce fut comme un immense écho qui s'éleva de la foule. En même temps s'agitaient en l'air les coiffures populaires et les bouquets. Une avant-garde d'infanterie fut acclamée et entraîna, avec elle, à sa suite et sur ses côtés, une partie de ces spectateurs qui voulaient prolonger, dans leurs oreilles et dans leur cœur patriotiquement secoué, l'ivresse des tambours et des clairons. Un régiment de hussards s'avançait ensuite, avec un frémissement de blés sous le vent sur les shakos des hommes et dans les crinières des chevaux, pimpants, les vestes sautillant coquettement sur les épaules, les sabretaches étincelantes fouettant les flancs des bêtes. Et toutes ces mâles figures de jeunes hommes étaient éclairées d'un héroïque sourire. Aux femmes, leurs regards jetaient des adieux pleins d'espérance. Toutes ces mains tendues vers eux, tous ces vivats dont ils étaient acclamés, tout cet enthousiasme populaire dont ils étaient l'objet, tout cela leur mettait dans l'âme une fièvre de fierté qui rayonnait sur leurs visages.

— C'est lui ! fit tout à coup Eurotas à Papillon.

Sur un superbe cheval, le lieutenant Beauguignon passait superbe, éperonnant par caprice, semblant jouer avec sa monture, paraissant heureux comme s'il courait à une fête. Il ne vit pas nos amis. Il ne voyait personne. Il caracolait dans un rêve de gloire, par avance hanté de frémissements victorieux. De cette vision épique se dégageaient de véritables effluves. Cet homme portait, en lui, une attirance singulière vers la gloire ou vers la mort.

— Comme il a raison, celui-là! fit Robert.
— Je voudrais bien être à sa place! dit Papillon.
— Quelle chance de ressembler si bien à un héros! conclut Eurotas.

Et eux aussi s'étaient mis à marcher, à suivre la troupe, parmi les gamins, dans l'écrasement de tous ces petits citoyens qui les bousculaient et leur passaient entre les jambes pour aller plus vite. Et le *Chant du Départ* sonnait toujours, — devant eux, avec les musiques s'éloignant, — derrière eux, avec les fanfares se rapprochant, — autour d'eux, dans la grande clameur populaire. Ils ne se parlaient pas. Ils s'imprégnaient de ce patriotisme éperdu qui secouait, dans l'air, les franges d'or des drapeaux. Et dans leurs yeux fixes d'hommes qui marchent conduits par une force mystérieuse, une image se dressait très grande, très auguste, qui portait une blessure rouge au flanc et un laurier d'or à la main, l'image de la Patrie!

La France leur apparaissait couronnée de sa belle légende de victoires, appelant à elle tous ceux qui sentaient encore un cœur battre dans l'universel énervement, une fierté dominer en eux l'abaissement effroyable du vulgaire.

A un coude du Boulevard le cortège fit soudain face à la lumière. Le soleil, à demi coupé déjà par l'horizon, semblait avoir accumulé, dans la moitié de son disque encore visible, le rayonnement de son orbe tout entier. C'était le magnifique adieu qu'il jetait à la nature et à la grande ville dont les silhouettes dentelaient d'un noir violet cet éblouissement de clarté, comme une vague perdue du Styx se brisant au seuil étincelant des Champs Elyséens.

C'est dans cet immense nimbe d'or qui s'ouvrait, comme une porte, sur le ciel, que ces trois désespérés virent l'idole glorieuse et flamboyante qui leur tendait une épée. En même temps leur poitrine s'emplissait d'une haleine pareille à celle des clairons, et le *Chant du Départ* sortit de leurs lèvres, mêlant leur âme au chœur formidable qui chantait autour d'eux. Sans que la fatigue et l'appétit non rassasiés alourdissent un seul instant leurs pas, sans conscience du chemin parcouru, volant sur les ailes obscures d'une extase, ils allaient, ils allaient, et tout le monde avec eux!

Ils montaient maintenant, obliquement caressés d'une apothéose de pourpre, de feu, le soleil s'ensanglantant à mesure que l'engloutissaient, en le mordant, les gueules fumantes de l'horizon. Les maisons du faubourg allaient s'éclaircissant et devenant plus sordides, avec des enfants maigres sur les seuils, et des animaux apocalyptiques paissant d'hypothétiques pâturages que dominaient les têtes de massue d'énormes chardons.

Dans la plaine qui venait ensuite, c'était déjà comme un campement, tout ce qui était arrivé de troupes pour le départ. Les tambours battaient; les trompettes sonnaient; les uniformes se mêlaient, étincelants, aux dernières clartés du jour. Tentes dressées pour les officiers; chevaux aux piquets; armes en faisceaux : tout cela se profilait sur le beau ciel vaguement crépusculaire. Des roulements, des sonneries; on faisait halte!

C'est toujours derrière Beauguignon que les trois compagnons avaient cheminé et, quand celui-ci sauta de cheval, il se retrouva, en se retournant, sa sabretache lui battant aux bottes, juste en face d'eux. Il les reconnut, et, un franc sourire dans la moustache, allant droit à Papillon :

— Eh bien! camarade, fit-il, le cœur ne vous en dit pas?

— Peut-être! fit Eurotas.

— Lieutenant, fit gravement Robert, est-ce que nous pourrions encore nous engager et vous suivre?

Le lieutenant eut comme un éblouissement de fierté heureuse dans le regard.

— Certes, camarade! dit-il, en lui prenant les mains, et vous parlez comme un brave!

— Nous sommes des braves tous les trois, dit Papillon. N'est-ce pas, Eurotas?

— Certainement, fit Eurotas. Qu'on me donne des armes, et on verra, quand j'ai un sabre à la main, si je suis terrible!

Beauguignon croisant les bras, souriant plus largement encore, leur dit :

— Ah! çà, les enfants, c'est sérieux?

— Très sérieux, fit Robert.

— Tout à fait sérieux, répétèrent Eurotas et Papillon.

— Vous voulez vous engager tout de suite?

— Tout de suite.

— Et dans mon régiment?

— Autant que possible, fit Papillon. On aime toujours mieux se trouver avec des amis, et nous avons déjà fait un bout de connaissance ce matin.

Pour le coup, Beauguignon éclata de rire.

— Eh bien! les enfants, bravo! J'en fais mon affaire!

— Mais qui nous donnera des costumes? fit Papillon toujours décoratif.

— Oui, nous ne pouvons pas cependant nous battre sans être redoutablement vêtus en militaires! insista Eurotas.

— Nous avons des approvisionnements d'uniformes dans les bagages, chers amis. Si on ne vous trouve pas de sabres, j'en ai plusieurs, à votre service, et qui, tous, ont fait leur devoir. Vos noms?

Beauguignon avait tiré, de sa poche, un portefeuille et un crayon. Contre la selle de son cheval, comme pupitre, il s'appuya et écrivit :

— Rémy-Athanase Papillon, comédien.

— Eurotas, poète lyrique et dramatique.

Le farceur se garda bien de donner son véritable et peu euphonique nom.

Le troisième semblait hésiter. Tout à coup, d'une voix très ferme :

— Robert des Aubières, ci-devant gentilhomme.

Beauguignon s'arrêta et le regarda :

— Mais, citoyen, fit-il, êtes-vous autorisé à séjourner en France?

— Non! Mais peut-être ai-je le droit de mourir, comme un autre, pour ma Patrie.

La main de Beauguignon, une main rude et qui serrait fort, s'abattit sur la sienne.

— Mettons Robert Aubières, fit-il, et n'en parlons plus. On ne vous demandera pas, pour vous tuer, comment s'écrit votre nom. Et maintenant, attendez-moi ici. Je vais faire le nécessaire. Pendant que je puis être encore familier avec vous, embrassons-nous !

Et ce fut vraiment une virile et touchante étreinte dont il les enveloppa tour à tour.

Quand ils demeurèrent tous les trois seuls, ils regardèrent autour d'eux. La nuit était presque venue. Un souffle plus frais frémissait dans les feuillages poudreux des arbres du grand chemin. Tout autour d'eux, l'activité humaine s'empressait, fouettée par les sains appétits de la jeunesse, au milieu de rires et de chansons. Au-dessus d'eux, la grande sérénité du ciel où commençaient à perler les premières étoiles, et un pâle croissant de lune semblant une voile sur ce grand lac bleu. Et leur regard errait des unes à l'autre, et il leur semblait que tous ces feux qui s'allumaient en bivouacs lointains et indéfinis, étaient comme le reflet, dans l'eau, des constellations rayonnantes dans l'infini.

— Je vous demande pardon, amis, dit tout à coup Robert avec une certaine solennité émue, de vous avoir inspiré une résolution qui vous coûtera peut-être la vie.

— Nous vous en remercions, dit Papillon, puisque, pas plus que vous, nous n'avions plus rien à en attendre. Mieux vaut mourir en soldat qu'autrement !

— D'autant plus que tous les soldats ne meurent pas dans les batailles, objecta philosophiquement Eurotas, qui n'était pas aussi parfaitement revenu des choses de ce monde que ses deux compagnons.

— J'y pensais depuis ce matin, continua Robert. J'y pensais depuis que cet officier nous avait parlé dans le fossé de Vincennes. Ses paroles m'avaient remué jusqu'au fond de l'âme. Il a raison : ceux-là sont heureux, qui meurent pour leur pays.

— Et ceux qui vivent pour lui ne sont pas non plus trop à plaindre ! ajouta Eurotas.

Et, graves, ils reprirent leurs méditations sous les étoiles qui avaient plus largement déchiré les voiles de la nuit.

Malgré lui Robert pensait à Laure, et Papillon à Angèle.

Ils furent interrompus, dans ce pèlerinage du souvenir, par le retour du lieutenant Beauguignon qui arrivait de l'État-Major avec les trois engagements en règle.

— Vous n'avez plus qu'à signer, les amis! fit-il.

Tous trois signèrent.

— Et maintenant, fit Beauguignon, hussard Aubières, hussard Eurotas, hussard Papillon, je vous donne avis que vous me devez le plus grand respect et ne me parler que quand je vous interroge, parce que j'aurais le droit de vous faire fusiller si vous manquiez aux convenances à mon égard. Fixe! Rompez les rangs et allez vous mettre en uniforme!

Et Beauguignon riait, en faisant sonner ses éperons l'un contre l'autre dans un mouvement de pirouette. Le capitaine d'habillement était venu avec lui. Les trois soldats improvisés le suivirent. Ce fut une scène légèrement comique, au clair de lune, que leur transformation. Robert et Eurotas trouvèrent facilement à leur taille, et Eurotas eut des joies de gamin à se sentir ainsi galonné. Mais Papillon, fort dégingandé de structure, comme il a été dit plus haut, ne trouva qu'un pantalon trop court et qui, cependant, lui flottait déplorablement aux cuisses. Sa veste, non plus, ne descendait pas aussi bas sur ses reins qu'il l'eût fallu pour la bienséance. Les camarades qui flânaient encore par là lui firent un joli succès d'hilarité.

— Le rôle du comédien est de faire rire! pensa héroïquement Papillon. *Castigat ridendo mores.*

Il s'agissait maintenant de les monter. Robert, qui était un excellent cavalier, accueillit, d'une caresse sur le cou, le cheval qui lui fut présenté. Mais Papillon et Eurotas, qui n'avaient jamais été même au manège, demeurèrent, comme Panurge, « en contemplation véhémente », et même mêlée de terreur, devant les deux quadrupèdes dont la société leur fut assignée pour la durée de la campagne. Robert vit leur embarras. S'ils avouaient leur ignorance, on les incorporerait dans l'infanterie. — Laissez faire, leur dit-il tout bas. Avant l'arrivée à la frontière, vous en saurez autant que les autres. Je me charge de vous former.

La retraite avait déjà battu depuis longtemps. Des feux, il ne restait, çà et là, qu'une pointe de braise et un mince filet de fumée montant, noir, vers le ciel très pâle, et s'effilant dans un air sans brise. On leur montra un coin pour dormir, une façon de talus dont les herbes étaient brûlées. Ils s'y étendirent, se dirent bonsoir, et, tués de fatigue, tombèrent dans un sommeil sans rêve, profond, délicieux, fait d'oubli.

Et la diane les réveilla le lendemain en sursaut, partant de tous les points, soulevant partout comme une poussière humaine.

Beauguignon, qui faisait l'inspection, les trouva debout. Il leur sourit sans leur parler. Cela valait mieux, pour les autres, qu'on ne sût pas que l'officier était leur ami.

Les régiments s'ébranlaient pour se mettre en marche. L'État-Major cavalcadait au travers sous ses panaches. Papillon et Eurotas tremblaient à l'idée d'enfourcher leurs montures qui se cabraient, au petit jour, avec la gaîté que la lumière apporte à tous les animaux. De tous les côtés, autour du camp improvisé, accourait une population faubourienne de gueux se levant de bonne heure, et qui voulaient boire la dernière coupe avec les héros, patriotique canaille qui avait vraiment l'amour de l'armée. Sur l'horizon clair du matin traçant, au bord du ciel, une bande rose qui se fondait, plus haut, dans des tons d'azur d'une finesse infinie, se découpaient les silhouettes vacillantes des enthousiastes dont la verve bachique avait devancé même l'aurore. Ils chantaient tout en trébuchant et en s'accrochant comiquement aux bras les uns des autres, et les gamins se moquaient d'eux ; mais ils n'en chantaient que de plus belle, et si jamais griserie fut excusable, c'était bien celle de ces pauvres gens, coupables seulement d'avoir trop bu à la santé de la Patrie. Les toasts plébéiens sonnaient à toutes les lisières vivantes des corps d'armée ; et les belles filles, tout ébouriffées de sommeil, embrassaient les soldats et leur donnaient des fleurs des champs.

— Allons comme les autres à la cantine ! fit Papillon.

Ils s'y rendirent tous les trois. La cantinière tournait le dos pour servir d'un autre côté quand ils approchèrent. Quand elle leur fit face, Papillon et Eurotas poussèrent, en même temps, ce cri de surprise :

— Polymnie !

C'était, en effet, mademoiselle Céleste Bachelier, dite Polymnie, qui se trouvait devant eux, dans un costume guerrier qui seyait tout à fait à ses charmes.

— Chut! dit-elle, je vous conterai cela.

A Eurotas, tout en les servant, elle dit tout bas : — Que voulez-vous! j'aime le lieutenant Beauguignon!

Robert, qui ne la connaissait pas, ne comprenait pas. Papillon murmura, fiévreux, à l'oreille de Polymnie :

— Et Erato ?

— La méchante était partie sans me dire adieu, fit tristement la cantinière. C'est ce qui m'a fait faire un coup de tête. Mais chut! Encore une tournée, les enfants!

Ils choquèrent leurs verres. Le boute-selle retentit. L'État-Major empanaché passa dans un nuage de poussière que doraient les premiers rayons du soleil. Les premiers régiments s'ébranlaient déjà, et, dans un tutti qui salua magnifiquement l'aurore, retentit encore le *Chant du Départ*.

XIII

Les premières étapes se firent sans autre incident que trois ou quatre chutes de cheval que fit Papillon, peu graves heureusement, mais qui lui valurent, de la part de l'équitable Beauguignon, trois ou quatre corvées.

— C'est curieux comme ces bêtes-là savent mal se tenir sous moi! disait Papillon, et, convaincu qu'on lui avait donné un animal particulièrement sournois et vicieux, il appela sa monture : Caligula. Eurotas, naturellement mieux doué pour l'équitation, avait nommé modestement la sienne : Pégase.

A chaque halte, nos deux amis allaient causer à la cantine, avec Polymnie qui n'avait jamais été si pleine d'entrain. Robert ne les accompagnait que rarement. Il souffrait, au fond, de ce que la vie du simple soldat a de fatalement grossier. Indépendamment de cette révolte due à des principes d'éducation et à une distinction native dans les goûts, il se faisait mal à l'idée que la vie de mademoiselle Laure de Fréneuse eût été mêlée de si près à celle d'une fille vulgaire comme mademoiselle Céleste Bachelier. Il ignorait tout ce qu'elle avait été pour Laure, Polymnie ayant eu la belle pudeur d'âme de ne s'en jamais vanter. Ce qu'il savait, c'est qu'elles avaient longtemps été sous le même toit, indigne de l'une d'elles, et que maintenant elles semblaient pour jamais séparées.

Par un retour de la pensée vers des temps plus anciens, Robert oubliait, comme une vision pénible, le passage de mademoiselle de Fréneuse dans l'atelier de madame Migoulette. Il revoyait la bien-aimée dans le décor somptueux d'autrefois, toute petite et déjà entourée d'hommages, telle qu'il n'avait cessé de se la représenter pendant son long exil. Et cependant qu'Eurotas et Papillon causaient avec Polymnie, interrogeant du verre le petit tonnelet de rhum toujours prêt à couler pour eux, se perdait-il dans son rêve d'autrefois, plein maintenant d'espérances brisées et d'inguérissables mélancolies. Sa blessure s'était avivée de la grande joie souvent changée en une plus grande douleur. Il en sentait couler le sang en même temps qu'à ses yeux montaient des larmes.

Polymnie avait donné, à ses deux clients fidèles, quelques détails sur sa fuite de chez madame Migoulette. Elle avait ignoré, se trouvant dans un autre coin ombreux de l'immense Tivoli, ce qui s'y était passé entre Beauguignon et Papillon, à propos d'Erato. Infidèle Beauguignon! Une heure auparavant, entre deux danses, il lui avait dit, à elle, les plus aimables choses, tout en lui annonçant son départ pour le lendemain. — Voulez-vous être notre cantinière? lui avait-il demandé en riant. L'emploi est vacant. Elle avait pris cela pour une plaisanterie, et lui avait répondu cependant :
— Avec plaisir!

Puis il était disparu, à la recherche d'Erato — comme elle le comprenait maintenant. Elle ne s'était pas autrement inquiétée de la disparition de celle-ci du bal, la santé délicate de son amie ne lui permettant pas les longues veillées. Cette journée longue et bruyante lui aurait, sans doute, fait mal. Dans une pensée de sollicitude affectueuse, elle était rentrée à son tour, n'étant cependant lasse ni de gaîté ni de danse. Des voisins l'avaient prévenue de la fuite de la jeune fille. Tout, d'ailleurs, dans le désordre de la chambre, indiquait ce départ. Elle avait cherché anxieusement, partout, si quelque mot n'avait pas été laissé pour elle. La lettre adressée à madame Migoulette était tombée sous ses yeux. Avec une curiosité bien naturelle, sinon du meilleur goût, elle avait tenté d'y découvrir quelque chose, à la lumière, dans la transparence du papier et sans en briser le cachet.

Le papier était, en effet, assez mince pour qu'elle pût lire au travers et, à grand'peine, elle avait déchiffré l'adieu d'Erato à sa maîtresse. Alors une véritable indignation lui était montée au cœur que celle qu'elle avait tant aimée ne se fût pas confiée à elle pour une si grave résolution. Maudissant l'ingratitude d'Erato, elle avait pensé que cette maison lui serait, à elle aussi, maintenant insupportable. Le reste est facile à deviner. Se rappelant ce que lui avait dit, en souriant, le beau lieutenant, elle s'était assurée qu'il ne lui avait pas menti.

Elle avait, depuis longtemps, rêvé d'une vie moins sédentaire et plus pleine d'émotions. Et puis, depuis si longtemps, elle avait, pour le galant uniforme des hussards, une faiblesse! Elle allait revivre la tendresse d'autrefois et reconquérir, peut-être, une tendresse nouvelle. A midi, le coup de tête était fait. Beauguignon, sans lui rien conter toujours de ce qui s'était passé, s'y était prêté de la meilleure grâce et avait fourni les meilleures références. Ce n'était pas un obstiné en amour, et, faute de grives, il était garçon à se contenter parfaitement de merles. Il était dupe, d'ailleurs, de la légèreté apparente de Polymnie. Celle-ci était, au vrai, une sentimentale, tête un peu folle, mais tête seulement. Un grand fonds d'honnêteté native était en elle, et le désir de ne jamais être méprisée de qui que ce soit. Minerve sous les traits de Vénus! lui disait galamment Eurotas.

On traversait, d'un pas rapide, la Champagne. Ce n'est pas un pays remarquablement accidenté, mais Eurotas et Papillon, ces enfants du vieux Paris qui ne l'avaient jamais quitté, n'en allaient pas moins de surprise en surprise, grisés de nature et de grand air. Tout leur était nouveau dans ce beau spectacle de l'été à son déclin dont on n'a, dans les villes, qu'une impression amortie faite de la tiédeur de l'air et de l'adoucissement des lumières; des ombres non plus violettes, mais grises; des soirs plus hâtifs dans une mélancolie plus grande des couchants. Artistes de tempérament, tous les deux, sous les fatigues que supportait sans fléchir leur robuste jeunesse, ils jouissaient de toutes ces choses épanouies au plein soleil, plaines dorées, rivières semblant de bleus rubans dénoués, haies fleuries d'églantines vivaces et mouchetées de mûres. Quand ils pénétrèrent dans les Ardennes, le spectacle devint autrement grandiose. Une vapeur de rouille courait déjà sur les frondaisons épaisses étagées le long des collines. Dans un décor plus sauvage de forêts immenses venant mourir sur les bords majestueux de la Meuse, fauves, et comme d'immenses lions se couchant pour boire, le premier frisson avant-coureur de l'automne passait, mettant une voix mystérieuse dans les feuillages, faisant courir sur les ruisseaux des feuilles jaunies prématurément et ayant l'air de piécettes d'or, comme dans un Pactole. Quand ils faisaient halte et couchaient sous la tente, la nuit s'emplissait, au loin, des aboiements des loups à la lune, cependant que les étoiles se diamantaient davantage que dans les nuits d'été, où elles semblent baigner dans leur propre rayonnement, diffuses dans l'azur flottant du ciel. Papillon n'aimait pas cette musique. Eurotas prétendait les faire taire en récitant des vers comme autrefois Orphée.

Quelques jours de marche encore on atteignait la frontière, mais pour continuer à cheminer au travers d'un pays ami. La République batave, récemment proclamée, faisait, en effet, profession d'être alliée à la République française, bien que tous les partis n'y fussent pas également dévoués à la Révolution et à notre pays. Ce n'en était pas moins pour défendre ce territoire contre la descente des troupes anglo-russes par la mer du Nord, que Brune, tout poudreux encore de ses victoires d'Italie, avait été rappelé subitement à Paris et jeté en Hollande avec cette petite armée de vingt-cinq mille hommes qui allait faire tant de merveilles. Mais il fallait gagner vite le septentrion à la pointe que baigne, d'autre part, le Zuyderzée, les forces, dix fois plus considérables, commandées par le duc d'York et le général russe Herman menaçant de débarquer aux environs de Haarlem.

Au farouche paysage des Ardennes succéda, toujours sous les yeux émerveillés de nos deux citadins, la plantureuse nature des plaines brabançonnes qui semblent fertiles comme notre Normandie. Les silhouettes, si abondamment vallonnées, s'aplanissant; l'horizon recouvrant son implacable rectitude, à peine dentelé çà et là par la découpure noire des villes; à travers des terrains suant l'eau, on atteignit Anvers et cette admirable embouchure de l'Escaut qui semble déjà la mer. A Anvers même, Papillon et Eurotas eurent un éblouissement des admirables choses seulement entrevues. Pour la première fois, ils se retrouvaient dans une grande ville rappelant Paris et Notre-Dame. Ils en eurent un attendrissement de bons bourgeois. Mais il n'était pas permis de s'attarder à ces merveilles. On était maintenant au cœur même de la Hollande et on approchait du but entrevu, comme le soleil qui se couche, dans une glorieuse auréole de sang.

A Dordrecht, là où une des bouches de la Meuse s'élargit et creuse, autour d'elle, comme les rives béantes d'un lac, devant cette masse bleue où se dentelaient, sous le vent, de vagues écumes, leur enthousiasme fut près, un moment, d'oublier les rives maternelles de la Seine.

A Rotterdam les nouvelles se précisaient dans un sens de gravité. De là, on entendait déjà les rumeurs de la guerre, un grondement humain dans le grondement insensible des flots. L'ennemi avait embossé ses navires sur les côtes. Il ne fallait plus s'avancer que précédé d'avant-gardes en reconnaissance. Brune avait partagé le soin de la défense aux généraux Daendels et Dumonceau, ne gardant, avec lui, qu'une réserve dont faisait partie le régiment de dragons qui nous intéresse. On savait que le duc d'York venait d'entrer au Tessel et s'était emparé de Helder, faisant captive, par surprise, la flotte hollandaise, notre alliée.

L'approche du danger mettait une fièvre vraiment héroïque au cœur de Robert des Aubières. Le soldat est de race chez le gentilhomme français. Il avait soif de défendre ce pays qu'il avait été si près de combattre. Fils repentant, il était prêt à donner tout son sang à la France.

A ce beau remords se mêlait, chez lui, le grand désespoir de sa vie brisée et un désir sincère d'en sortir par la plus glorieuse porte. Aussi attendait-il impatiemment la première bataille et y rêvait-il le premier rang : celui où l'on tombe sûrement. Il mourrait en pensant à Laure.

Eurotas était grisé de gloire et de bruit. Comme Tyrtée, il composait des chansons guerrières et charmait la longueur des étapes en les jetant à pleine voix sur le chemin, tous ses camarades reprenant en chœur le refrain; car tous ceux qui ont servi savent que chanter donne, à la fois, des jambes et du cœur. Voici un échantillon, entre beaucoup, de ces enfants de sa Muse militaire.

I

Que portes-tu dans ta giberne,
Soldat ? — De la poudre et du fer.
Que sous les toiles on hiverne,
Qu'au soleil on grille l'enfer,
Les mêmes refrains à la bouche,
Du même entrain, du même pas,
Vers la gloire ou vers le trépas,
Marche en déchirant la cartouche!

Parfois vaincu, souvent vainqueur,
Toujours fidèle à l'espérance,
Le soldat porte dans son cœur
  La France!

II

Que portes-tu sur ton épaule
Soldat ? — Ton sac et ton fusil,
Aux lèvres le franc sel de Gaule
Qui pétille comme un grésil,
Ta pipe en ta poche serrée,
Un sabre dans ton poing nerveux,
Au cou la mèche de cheveux
Qu'en pleurant y mit l'adorée!

Parfois vaincu, souvent vainqueur,
Toujours fidèle à l'espérance,
Le soldat porte dans son cœur
  La France!

III

Que portes-tu dans ta poitrine,
Soldat ? — La haine de l'affront,
La gaîté que rien ne chagrine,
L'orgueil qui relève le front,
L'amour de la terre chérie
Où tes morts dorment leur sommeil,
Et, comme un rayon de soleil,
Le souvenir de la Patrie!

Parfois vaincu, souvent vainqueur,
Toujours fidèle à l'espérance,
Soldat, tu portes dans ton cœur
    La France!

Papillon faisait bonne contenance. On ne peut rien dire de plus. Ce serait exagérer que de dire qu'il eût une soif infinie des combats. Le regret de la perte d'Angèle n'avait pas absolument éteint chez lui le sage instinct de la conservation. Il continuait, d'ailleurs, à vivre dans les plus mauvais termes avec son cheval. Cette maudite bête s'emporterait certainement et l'entraînerait au plus fort de la mêlée. C'était le suicide chez soi qu'un pareil animal. Ainsi rempli de sentiments détestables pour sa monture, il n'en flattait pas moins celle-ci de toutes les façons — tels les courtisans de l'empereur romain dont elle portait le nom — pour l'amadouer. Il avait émoussé ses éperons sur une pierre afin de ne la pas chatouiller intempestivement. Malgré lui, il pensait souvent à la boutique de son bonhomme de père et se disait que lunetier était, en somme, un métier moins chanceux que soldat. Et qui est-ce qui jouerait Cynéphore, s'il se faisait bêtement tuer ?

Il se cachait soigneusement de ses méditations mélancoliques devant Robert. Mais celui-ci les sentait fort bien et ne pouvait s'empêcher d'en sourire. Très sainement, d'ailleurs, Robert pensait que ceux-là à qui le devoir est pénible, n'en ont que plus de mérite à le faire. Quant à Beauguignon, il était fou de gaîté à l'idée qu'on en allait découdre. Ce diable d'homme ne rêvait que plaies et bosses. L'enthousiasme de Polymnie pour lui n'en allait que grandissant. Le courage, chez la femme, est souvent fait de curiosité. Elle aussi était impatiente de ce grand nouveau qui s'appelle une bataille. Elle donnait du cœur aux conscrits en leur versant à boire et promettait d'embrasser ceux qui se seraient battus le mieux.

Le 8 septembre, on signala l'ennemi aux avant-postes. La nuit se passa dans le recueillement et dans la crainte d'une surprise. On savait les forces de l'ennemi déjà supérieures, bien qu'il attendît encore des renforts. Pour ne les pas laisser arriver, Brune résolut de prendre l'offensive et poussa quelques régiments en avant. Mais on était assez proche de la côte pour que deux frégates et deux bricks russes qui étaient embossés là, les arrêtassent en les prenant de flanc avec leur artillerie. Eurotas eut son shako traversé à cette première attaque. Il déclara qu'il boucherait ce trou de mitraille avec une feuille de laurier. Caligula attrapa aussi un peu de plomb dans une jambe. — Ça t'apprendra à courir comme un imbécile! lui dit Papillon en le pansant au retour. Robert qui, lui aussi, voyait le feu pour la première fois, en garda une griserie au cerveau. Il était devenu, du premier coup, aussi soldat que Beauguignon lui-même.

Cependant, le duc d'York et le général Herman, dont l'armée devait se grossir de nouveaux envois de troupes, tandis que la nôtre ne pouvait que s'amoindrir, le changement de climat étant toujours une source de maladies, étaient décidés à temporiser. Une semaine entière se passa sans nouvel événement militaire. Brune s'était cependant légèrement et insensiblement déplacé en étendant ses lignes jusqu'au village de Bergen, situé à quelque distance seulement de la ville plus importante d'Alkmaar.

Le 18 au matin, seulement, un ébranlement des troupes coalisées indiqua qu'elles se sentaient au complet et entendaient reprendre l'action. Ce n'est pas le lieu de raconter cette héroïque journée et comment une partie de l'armée russe, coupée à l'improviste, fut faite prisonnière. Malgré des prodiges de témérité, Robert des Aubières, toujours à côté de l'intrépide Beauguignon, sortit sain et sauf de cette meurtrière journée. Eurotas ne s'y distingua pas moins, et eut Pégase tué sous lui, ce qui lui inspira un sonnet mélancolique. Emporté par Caligula à peu près guéri de sa blessure, Papillon fit comme tout le monde, tout en se murmurant à lui-même ce vers tragique :

Ah! que ne suis-je assis à l'ombre des forêts!

Caligula, sous l'agacement de sa cicatrice mal fermée, s'emporta même et entraîna si fort, dans la mêlée d'un combat de cavalerie, son maître cramponné à son cou, que Papillon fut cité parmi les hommes les plus héroïques de cette mémorable victoire et mis à l'ordre du jour, sur les propositions de l'intègre Beauguignon.

L'armée alliée s'était repliée jusque sous le feu de sa flotte, où il était impossible de la poursuivre. On campa sur les positions conquises, parmi les ruines trouées de boulets et de balles du petit village de Bergen, dont les misérables habitants durent demander à nos soldats un abri sous les tentes et quelques cuillerées de leur gamelle. Polymnie fut admirable de dévouement pour ces malheureux. Eurotas, qui avait l'âme sensible d'un poète, s'occupa surtout des femmes et des petits enfants.

Papillon était étourdi de son succès militaire. Ce Caligula avait du bon ! Ah ! si le père Papillon, devant sa sempiternelle table couverte de loupes et de lentilles, pouvait le voir! Quand un jour il apprendrait cela ! Il voyait d'ici le brave homme courir toute la maison et conter, à la cuisinière même, les héroïques actions de son fils! Et Angèle donc! Mademoiselle Angèle Barigoule qui n'aurait pas pu refuser à un héros ce qu'elle n'avait pas donné à un grand comédien. Ainsi, tout n'était pas théâtre dans la vie. On y donnait, sur le champ d'honneur, de vrais coups de sabre, et on y mourait pour de bon, à moins qu'on n'y fût porté à l'ordre du jour pour avoir été sublime, sans s'en rendre compte un seul instant. — C'est des dons de nature! pensait-il, comme comédien j'étais né soldat.

Après un moment de patriotique enivrement qui lui vint, comme à tous, de la victoire et de la Patrie vengée, Robert retomba dans un plus indicible abattement. Avec la nuit qui montait à l'horizon, chassant de rouges fumées, l'image de la mort se dressait devant lui, venant fermer les yeux de tous ces jeunes hommes, ennemis tout à l'heure, couchés maintenant dans la même tombe, et mêlant leur sang dans la même poussière, l'image de cette mort inique qui avait frappé tant d'êtres joyeux et ardents à vivre, tandis qu'elle l'avait épargné, lui, désespéré ! de cette mort qui n'avait pas voulu de lui !

Et, dans le silence du double repos de ceux qui dormaient et de ceux qui n'étaient plus, sous l'œil clair des constellations où semblaient briller des larmes, il s'attendrit sur toutes ces funérailles injustes, il douta de la bonté de Dieu et se dit que jamais Laure ne lui serait rendue.

Cependant la campagne n'avait pas encore eu de résultat définitif, puisque la flotte hollandaise était toujours prisonnière de la flotte alliée et que celle-ci n'avait pas quitté le sol de la République batave. Le duc d'York avait pris position en avant du Zyp et restait menaçant, l'armée russe semblant se condenser derrière lui pour une action définitive. Celle-ci n'eut lieu que le 8 octobre, retardée par les premières pluies qui avaient détrempé le terrain dans un pays déjà naturellement marécageux. Le champ de la seconde et dernière bataille fut la plaine de Castricum. Cette journée appartient aussi à l'histoire, qui raconte que le général Brune y chargea lui-même en tête de toute sa cavalerie, y défonça le corps du duc d'York et força celui-ci à repasser le Zyp.

Elle omet d'ajouter que le lieutenant Beauguignon, son cheval tué sous lui, tombé très en avant de sa compagnie, fut fait prisonnier après d'héroïques efforts pour se faire tuer sur place, que les soldats Aubières, Eurotas et Papillon en sortirent miraculeusement sans une égratignure et que la cantinière Polymnie y fit le coup de feu comme un homme et fut donnée, le lendemain, en exemple à toute l'armée.

Le général en chef attendait les ordres du Directoire pour traiter, l'ennemi ayant regagné la côte en désordre et ne semblant pas se reformer pour continuer la lutte. C'est à Alkmaar qu'eurent lieu les entrevues d'où résulta l'évacuation de la République batave par l'armée anglo-russe. Brune y voulut obtenir que leur flotte fût rendue aux Hollandais. N'y ayant pas réussi, il força, du moins, l'ennemi à lui rendre, à lui, les 8,000 prisonniers français qui avaient été faits, tant à Bergen qu'à Castricum et dans les escarmouches qui avaient eu lieu entre les deux principales rencontres.

Ainsi l'héroïque Beauguignon, tout meurtri encore du combat et son bel uniforme en lambeaux, réintégra l'admiration de ses chefs et de ses soldats. Tout le régiment des dragons lui fit fête. Eurotas composa une chanson en son honneur. Beauguignon, qui était devenu un dieu pour Polymnie, reprit ses fonctions et en profita pour imposer immédiatement une corvée à Papillon qui, dans sa joie de le revoir, avait complètement oublié de panser son camarade Caligula. En revanche, il proposa Robert et Eurotas pour la haute dignité du caporalat.

La campagne semblait terminée. Eurotas et Papillon avaient vraiment le mal du pays, mal plus douloureux que jamais quand ce pays est Paris. Qui sait? mademoiselle Angèle Barigoule était peut-être instruite que Papillon avait été un des héros de la bataille mémorable de Bergen. Et puis, il y avait le vieux père Papillon, le lunetier ridicule, qu'on avait aussi bien envie d'embrasser! Eurotas se disait que Sageret avait peut-être recouvré le théâtre Feydeau et qu'on oublierait, s'il n'arrivait, *Deïdamia, reine des Amazones*. Robert, lui-même, se trouvait mal à l'aise en pays étranger. Ce lui était comme un relent de son long exil de l'émigration. La France était deux fois sa patrie, puisque si malheureux qu'il fût de son amour, c'est là qu'il avait aimé. Polymnie était prête à suivre partout Beauguignon qui, cependant, ne faisait pas grande attention à elle. Mais elle se disait que Paris serait une bien agréable garnison.

Le désappointement fut donc général quand on apprit qu'un corps d'occupation, sous les ordres du général Daendels, serait laissé en Hollande, après le départ du général en chef, et que le régiment des hussards en composerait la cavalerie légère. La nouvelle sembla d'autant plus fâcheuse aux intéressés, que l'hiver, qui est rude là-bas, arrivait du nord sur les grandes ailes ouvertes et grises des goëlands s'abattant sur les grèves mornes du Zuyderzée. Les souffles étaient plus amers qui venaient de la côte et les vagues, en déferlant sur les sables, semblaient avoir déjà des créneaux de neige à leurs mouvantes cimes. La gelée durcissait les rides des chemins où les roues des canons avaient creusé des sillons, et des aiguilles de glace tendaient les flaques d'eau stagnante où ne descendait plus l'image du ciel.

Et c'était, pour tous ces proscrits, par-delà les banquises ébauchées déjà de Dordrecht, le Brabant où ne se dressait plus que le hérissement fauve des chaumes, les Ardennes dont les grands bois n'étaient plus que l'enchevêtrement de squelettes noirs, l'image chère de la France où s'envolait à peine, de l'air, le parfum des vendanges, et de ce Paris, où si gracieusement s'emmitouflaient de fourrures les frileuses élégantes, en sortant des carrosses tout argentés de givre clair. Mais que faisaient à Robert et à Papillon toutes celles qui n'étaient pas Laure et Angèle !

XIV

On continuait à occuper Alkmaar, où avait été signé le traité, et ses environs. Aux fortes émotions du combat toujours imminent, aux joies farouches de la victoire, succéda une façon d'ennui, le désœuvrement de la vie des camps quand le danger n'est plus là pour tenir en éveil les nobles facultés de l'âme. Cet état d'abrutissement du milieu où ils étaient condamnés à vivre, dans un air empuanti de fumées de pipe et de vapeurs de cognac, devait peser lourdement à Robert des Aubières et à ses deux compagnons. Pour le lieutenant Beauguignon, c'était simplement le retour de l'habitude, et il trouvait encore moyen de causer des peines infinies à la sensible et silencieusement jalouse Polymnie, en faisant des cours éhontées aux Frisonnes. Mais il était si brave et de si belle humeur! Un idéal d'homme, ce scélérat!

Eurotas continuait à faire des chansons, ce qui l'avait rendu très populaire.

On les apprenait par cœur dans les veillées, ce qui le flattait infiniment. Un soir, le jeune garçon qui disait ses vers, un adolescent à peine, y mit un feu dont il fut tout à fait impressionné. Le timbre de la voix encore mal formée était presque celui d'une voix de femme, avec des intonations de contralto.

Eurotas l'écoutait avec délices, et Papillon, aussi, regrettait fraternellement qu'un jeune homme si bien doué ne fût pas au théâtre, quand, tout à coup, le poète se frappa le front :

— Mes enfants, s'écria-t-il, si nous jouions la comédie pour passer le temps ?

La retraite sonna, ce qui coupa court au mouvement d'étonnement, puis d'enthousiasme dont cette proposition inattendue avait été saluée. Seul, Papillon, dont l'exubérance était invincible, continua à gesticuler bruyamment en disant des vers, même après le coup de clairon de l'extinction des feux, ce qui lui valut, de l'intègre Beauguignon qui passait par là, deux jours de salle de police.

Eurotas, lui, plus silencieusement, mais non pas avec une moindre intensité de pensée, passa la nuit tout entière à bâtir son projet. Pourquoi ne ferait-il pas jouer, par des camarades de bonne volonté, *Deïdamia, reine des Amazones ?*... Hein !... Une pièce où il n'y avait qu'un seul rôle d'homme par des hussards ?... Et encore le seul rôle d'homme avait été solennellement promis à Papillon, tandis qu'il eût été si plaisant de le faire jouer par Polymnie !

Mais est-ce que le théâtre ne vit pas de conventions ? Chez les anciens, les rôles de femmes, comme aujourd'hui au Japon, n'étaient-ils pas joués par des hommes, et les hommes eux-mêmes ne se défiguraient-ils pas, en parlant à travers des masques sonores ? C'était un retour manifeste aux grandes traditions de Sophocle et d'Eschyle, tout simplement.

Eurotas se tâta le front pour s'assurer que l'impétuosité de son génie ne le craquelait pas comme une faïence au feu. Rassuré sur l'état de son bon petit crâne en boule de rimeur, il en vint tout de suite — sans avoir pu consulter personne, la diane n'étant pas encore sonnée — à combiner, dans leurs moindres détails, l'étude de la pièce et sa représentation. Il en fit mentalement la distribution parmi les plus imberbes de ses camarades. Quand la fanfare des trompettes eut enfin salué le petit jour sous le ciel de cuivre à l'horizon, de cuivre avec de grandes raies de topaze tendre, c'est à Papillon qu'il s'ouvrit le premier de son magnifique dessein. Mais Papillon l'avait deviné tout de suite, dès la veille au soir, et lui aussi apportait le fruit de ses méditations nocturnes, l'arrangement complet du théâtre et une distribution, laquelle fut immédiatement mise en regard de l'autre et discutée.

Il faut convenir que Robert ne se montra que médiocrement enthousiasmé de ce projet. Le soldat histrion, même par occasion et par caprice, déplaisait à son inguérissable gentilhommerie. Il se garda bien, néanmoins, de faire de la peine à ses deux amis. En revanche, Polymnie fut folle de joie jusqu'au moment où on dut lui avouer qu'elle ne jouerait pas, parce qu'il fallait que ce fût tout l'un ou tout l'autre, et qu'une seule femme, parmi tant d'hommes faisant profession de l'être, ne pouvait que détruire l'illusion. Beauguignon rit à gorge déployée, quand respectueusement le plan lui fut soumis. Il jura même un juron très gai :

— J'aime que le soldat s'amuse! fit-il. Nous inviterons toutes les jolies dames d'Alkmaar!

Ce dernier cri du cœur ne fut pas pour mettre un baume sur la blessure de Polymnie.

Il fallait l'assentiment de l'autorité supérieure. Mais Beauguignon en fit son affaire. Tous les acteurs désignés par Papillon et par Eurotas furent de bonne volonté. C'étaient les plus lettrés du régiment et qui sentaient le mieux le besoin de distractions moins abêtissantes.

Les études commencèrent aussitôt. Papillon déclara que, malgré le plaisir qu'il aurait eu à les diriger, en mettant son expérience de la scène au service du poète, son ami, il fallait absolument qu'il se consacrât à son rôle, le plus considérable de l'ouvrage, treize cents vers! A vrai dire, la pièce aurait dû s'appeler : *Cynéphore, conquérant des Amazones*. Vous vous rappelez que toutes ces vierges guerrières devaient être éprises de lui? Il fallait bien justifier cet engouement par un torrent de lyrisme auquel rien n'eût résisté, pas même la vertu de Lucrèce.

Eurotas, qui ne se séparait jamais de ses œuvres complètes, avait la copie de tous les rôles. Il remit à chacun le sien, après le lui avoir lu suivant les intonations qu'il concevait. Il se refusa obstinément à une lecture générale, disant que son ouvrage en serait défloré, et qu'il fallait se méfier du bavardage des femmes. Cette dernière remarque fit bien rire les hussards, si parfaitement incorporés, pour l'auteur, dans leur nouveau sexe.

Alors commença, pour le camp, un aspect tout nouveau et que n'avait prévu, sans doute, aucun stratège. Entre les exercices, les corvées, les sonneries, on ne rencontrait que soldats récitant à haute voix et faisant des monologues. Tous les vers sublimes de *Deïdamia* s'éparpillaient sur les manches des habits qu'on brossait, entre les jambes des chevaux qu'on pansait, sur le cuir des bottes qu'on cirait avec rage, vers d'amour, vers tissés d'or et d'azur. Tel, sur l'aridité des murailles, se pose le vol des papillons printaniers.

Les vaillantes rimes s'effarouchaient à peine aux mugissements farouches du cuivre. C'était, pour tous ces acteurs improvisés et passionnés, comme une obsession. Les plus consciencieux et aussi les plus plaisants se donnaient un mal infini pour se former de vraies voix de femmes. Cela faisait une musique de jeunes perroquets tout à fait joyeuse.

Mais Eurotas, loin de rire de ces efforts, les encourageait. Il était sérieux et convaincu comme un bonze. Papillon était devenu la terreur de ses compagnons de tente. Il mugissait les vers de Cynéphore en se livrant à de telles pantomimes que ses grands bras noueux et décharnés allaient heurter partout. Ainsi envoya-t-il, sans le vouloir, une énorme gifle au lieutenant Beauguignon, qui entrait à l'improviste pour une inspection. Beauguignon qui, dans cette circonstance, avait eu plus à souffrir que la discipline, se crut obligé d'être généreux et, par extraordinaire, ne punit pas Papillon.

La construction du théâtre occupait toute une autre série d'amateurs. On coupait du bois tout autour; on appointait des pilotis; on équarrissait des planches. Des affûts de canons qu'avait laissés l'ennemi à la déroute de Castricum et qu'on avait gardés comme un glorieux souvenir, servirent à appuyer la pose du plancher.

Puisque Polymnie voulait absolument en être, elle soufflerait. La voix des femmes s'entend avec plus de clarté. On lui bomba une niche de sapin sous laquelle elle serait à ravir dans une odeur saine de résine fraîche.

Une tente immense, faite de toiles hors d'usage consciencieusement cousues les unes aux autres, enveloppa et couvrit cette scène improvisée soutenue par de hautes perches couronnées, au sommet, de trophées.

Le peintre Ugolin, devenu, aussi, hussard par amour, et qu'Eurotas avait fréquenté à Paris, brossa le décor avec de la brique pilée, n'ayant pas d'autre couleur sous la main. Il en fit la partie verdoyante avec de véritables branches de sapin piquées dans de la terre authentique. Ainsi obtint-il un admirable effet de forêt se détachant, en ombre, sur le pourpre d'un soleil couchant reflété par la mer. Les accessoires, boucliers, vases antiques, bûcher, furent façonnés avec la même fantaisie ingénieuse. On décida que la salle de spectacle ne serait pas couverte, afin de pouvoir être plus spacieuse, et qu'on attendrait une journée ensoleillée pour la première représentation.

Celle-ci vint enfin, après quelques journées de pluies qui rayèrent mélancoliquement le ciel, assombrissant encore les brumes du Zuyderzée, et qui mirent à une épreuve terrible l'impatience d'Eurotas et de Papillon, dont la troupe tout entière partageait la fièvre dramatique. Un matin clair se leva enfin sur le firmament mouillé où scintillaient encore d'humides étoiles. Un rideau d'azur pâle se tendit au-dessus des têtes et le soleil y fit une radieuse déchirure, éclaboussant de lumière les terrains éblouissants que le givre hibernal avait immédiatement reconquis, cependant que le cours des ruisseaux s'arrêtait, figé, sous des miroirs transparents d'abord, s'obscurcissant bientôt par l'épaisseur.

Le brigadier Malitourne, qui avait été jardinier de son état et qui connaissait l'état du ciel comme un pâtre de Chaldée, présagea un temps superbe pour vingt-quatre heures, au moins. Immédiatement, dans Alkmaar et le long des tentes, de dix en dix, des affiches rédigées depuis longtemps, furent apposées. Faites à l'instar de celles des théâtres de Paris, elles annonçaient, en caractères énormes :

DEÏDAMIA, REINE DES AMAZONES
Tragédie lyrique en trois actes et en vers

Et la distribution suivait, en lettres moindres, comme il suit :

DEIDAMIA	le hussard	BARBASSON
CYNTHIA, sa demoiselle d'honneur	id.	RIBOULET
CALIRRHOE, guerrière	id.	BONIFACE
DELIA, »	id.	CASCAMILLE
XOE »	id.	BRIDOUILLE
CYNÉPHORE, jeune Grec »	id.	PAPILLON

Nymphes des bois et des eaux. Personnages invisibles : Eole et Apollon. Chœurs et Musique de scène. Apothéose avec coups de canon.

A trois heures, moment fixé pour le lever du rideau, le public enfermé dans une enceinte de corde, mais confortablement assis sur tout ce qui pouvait servir de sièges, caisses de bagages, bûches, selles, offrait un spectacle vraiment tout à fait varié. Aux soldats qui, galamment, avaient cédé les meilleures places aux jolies dames de la ville, se mêlaient les habitants d'Alkmaar et de tous ceux des villages voisins accourus en grande hâte.

Les premiers rangs ainsi occupés par des spectatrices privilégiées offraient un coup d'œil charmant de chevelures blondes comme le miel, enfermées aux tempes dans de larges plaques d'or fin, comme c'est encore la coiffure frisonne; de teints éblouissants de blancheur, éclairés par des yeux bleus comme des violettes, par des sourires emperlés comme des roses matinales; de corsages éclatants enfermant des tailles moins élégantes que celles de nos Parisiennes, mais dont la robustesse respire la santé et dit bien les vaillantes qualités de la race. Les jupes rouges jetaient, sur ce décor d'hiver, comme un champ de coquelicots, une gaîté indicible. Et tout ce monde frémissait de plaisir. Car les Hollandais, pour qui nous avons été souvent de méchants alliés et de cruels ennemis, ont gardé, en tout temps, une sympathie singulière pour les Français.

En sa qualité d'officier, Beauguignon, dans un uniforme neuf aux galons éblouissants, voltigeait, comme un bourdon doré, à travers cette corbeille de fleurs de neige. Heureusement que la pauvre Polymnie était déjà à son poste, dans son odorant étui d'aide-mémoire! Nos soldats avaient, au demeurant, un fort grand succès auprès de ces hospitalières personnes qui avaient pu, de si près, admirer leur valeur. C'était un gazouillement de paroles vagues comme sur les arbres où les oiseaux s'abattent, par volées, à l'approche de la nuit, en hiver.

Les trois coups sacramentels que la crosse d'une carabine écrasa sur le plancher, furent le signal d'un religieux silence. Eurotas, dans la coulisse, très ému, mais confiant, faisait, à chacun de ses comédiens, les dernières recommandations, cependant que Papillon essayait la sonorité de sa voix par des gargouillades qui n'eussent pas été indignes d'un baryton prêt à entonner son grand air.

Deïdamia, dont il est temps de dire quelques mots, était une façon de poème d'opéra fait pour être dit seulement, comme il s'en est beaucoup composé à cette époque où tous les genres étaient quelque peu confondus, Chénier n'ayant pas encore jeté à la postérité, à travers la lunette sanglante de la guillotine, le grain de génie par quoi notre moisson de poètes devait être à jamais renouvelée. Le sujet traité par Eurotas n'était pas sans quelque parenté, d'ailleurs, avec celui de *Télémaque*. Mais Fénelon était si bien oublié, en ce temps d'ingratitude littéraire, que personne ne se fût trouvé — même dans le public qui fréquentait les théâtres parisiens — pour en faire l'observation, encore moins pour le lui reprocher. Son Cynéphore n'était pas cependant fils d'Ulysse, mais simplement celui des compagnons du héros que le roi d'Ithaque proscrit avait sauvé, avec lui, des enchantements de Circé, pour avoir, au moins, un matelot sur sa galère. Bientôt un naufrage les avait séparés. Ulysse avait repris le chemin homérique de l'*Odyssée*. Cynéphore, qui s'était sauvé à la nage, était venu aborder à grand'peine dans une île inconnue.

Or, cette île était occupée par de farouches guerrières ayant juré aux hommes une implacable haine, la reine Deïdamia et ses amazones, terreur de tous ceux qui approchaient des côtes toujours enveloppées, à la moindre approche, d'un vol de flèches d'or. Mais à l'heure matinale où Cynéphore, épuisé, s'était accroché aux pierres de la rive, tout zébré de vert tendre par les lichens et les algues, de menus coquillages pendus et cliquetants dans les cheveux, les belliqueuses insulaires dormaient encore sous le dôme nacré des roches, leurs armes auprès d'elles, tout étincelantes de rosée.

Cynthia, la plus aimée de la reine et qui ne la quittait jamais, fut celle que le vagabond aperçut la première, et le sommeil de la jeune fille était si doux que Cynéphore, dont l'âme était d'un poète, oublia un instant son misérable état et le froid qui lui secouait les épaules, pour en contempler l'admirable spectacle, pour admirer, dans un religieux émoi, ces belles formes virginales que revêtait l'éclat immaculé d'un lys vivant, cette pose dont le chaste abandon inspirait, avant tout, le respect, cette immortelle image de la femme qui transforme, en olympien séjour, les plus sauvages solitudes. Cynthia dormait au seuil d'une façon de caverne fleurie, aux mousses étincelantes comme une poussière d'émeraude et dont l'ombre était traversée par les ailes vibrantes de papillons éblouissants comme des pierreries animées.

Un peu plus en avant, derrière un rideau transparent d'herbes retombantes où se parfumaient, en les effleurant, les souffles de l'aurore, tout près d'une source dont le murmure était berceur comme une lointaine chanson, un gazouillis d'eau sur les cailloux à peine sonores, sur un lit de verdures fraîches piquées d'asphodèles, de crocus et de narcisses, d'hyacintes et de rhododendrons, reposait Deïdamia, d'une beauté plus mûre, mais faite encore, cependant, d'un triomphant épanouissement de jeunesse. Cynéphore, désespérant de se cacher à tous les regards dans cette île si agréablement peuplée, mais d'une si redoutable population, résolut d'implorer la pitié de la Reine des Amazones, et, sans bruit, s'agenouilla le long de sa couche, attendant avec impatience et terreur, tout à la fois, son réveil.

Des chœurs éoliens traversant l'épaisseur des feuillages et pénétrant dans la grotte en même temps qu'une poussière de soleil, qui mit à la surface de la source de vagues arcs-en-ciel, firent enfin ouvrir lentement les yeux à la belle Deïdamia. Elle poussa un pied indolent en dehors de son lit de verdure et rencontra la chevelure hirsute, toute embroussaillée de mousses marines, du suppliant, ce qui lui fit pousser un cri de surprise dont toutes ses compagnes furent réveillées. En même temps, elle découvrait le misérable et poussait un cri farouche. Vingt lances menaçaient déjà, de leur pointe d'or abaissée, la chair frissonnante de terreur de Cynéphore.

Tout à coup, devant son air douloureusement contrit, la cruelle souveraine éclata de rire et, sur un signe de sa main où étincelait une large turquoise, tous les javelots se relevèrent. Il ne convenait pas que le profane s'en tirât à si bon compte. Il serait solennellement brûlé vif à la pointe la plus haute de l'île, pour que le feu de son bûcher, cent fois reflété dans la mer, fût comme une rouge menace des vagues à tous les imprudents qui voudraient suivre son exemple. Des danses guerrières et de belliqueuses chansons accompagneraient le sacrifice, qui se ferait seulement à la chute du jour, quand la flamme monte plus brillante dans l'air d'où s'est retiré le soleil.

Après une journée passée dans de douloureuses méditations, Cynéphore, enchaîné de lianes, entraîné par les plus jeunes amazones, qui se réjouissent par avance de son supplice, arrivait enfin sur la colline que surmontait un bûcher de verdures résineuses, cueillies par les génies des bois, invisibles, mais toujours au service de Deïdamia, reine de l'île. Des souffles également mystérieux et dociles s'apprêtaient à activer l'holocauste. Cynéphore était plus mort que vif, et les boucliers d'or se heurtaient autour de lui, dans une ronde sauvage, scandant les dernières minutes qui lui restaient à vivre.

Mais une puissance invincible et inattendue le devait sauver. Fils de cet Endymion, pour qui Diane avait eu des regards de mortelle dans la solitude des bois profonds, la protection de la déesse ne lui devait pas faire défaut dans cette cruelle occasion. A peine les guerrières avaient-elles rejeté son manteau de ses épaules, pour livrer celles-ci nues à l'innombrable morsure des flammes, que, tout à coup, la Lune, encore voilée jusque-là, descendit brusquement des nues et emplit l'espace d'une immense clarté argentée, d'une lumière mate, éburnéenne et charmante. Diane, pour se faire pardonner la faiblesse d'avoir été femme un instant, revêtait le fils d'Endymion de la beauté d'un dieu. Deïdamia, subitement charmée, arrêta, d'un geste impérieux, les derniers apprêts du sacrifice. Subjuguée, abdiquant ses colères, au grand étonnement de ses compagnes, elle tendit, vers le naufragé, ses bras d'un geste plein de clémence et d'abandon.

Cynéphore était une âme droite, et Ulysse lui-même, son ancien maître, n'avait pu lui apprendre à mentir. L'impression qu'avait faite sur lui Cynthia ne se pouvait chasser de son esprit. Avec une imprudente audace, il déclara respectueusement à Deïdamia qu'il n'épouserait jamais que Cynthia. — Fureur jalouse de la reine. — Menaces terribles. — Les deux coupables — car Cynthia partageait déjà les sentiments affectueux de Cynéphore pour elle — vont être liés l'un à l'autre et jetés au même bûcher. Mais Deïdamia, qui sait toutes les grandes choses de la pensée, sent bien qu'ils seront heureux de mourir ensemble et que c'est elle seule qu'elle punit en les frappant. Cédant, comme il convient, à l'irrémédiable écroulement de ses espérances, c'est elle-même qui se rue, tête baissée, parmi les résines en flammes, fouettant l'incendie du vol éperdu de ses propres cheveux crépitants. Et la haute flamme qui monte du bûcher, et où disparaît son image dans une spirale de fumée cent fois répétée dans la mer, écrit en lettres rouges et frémissantes sur la vague qu'une fois de plus, comme pour Ilion, la tête dans le feu et les pieds dans le sang, l'Amour immortel a triomphé.

Telle était, dans ses lignes sommaires, et une splendeur décorative qui n'avait rien coûté qu'à son imagination, l'affabulation qu'Eurotas avait adornée de ses rimes les plus harmonieuses.

Après une ouverture où les trompettes firent grand fracas, un murmure sympathique salua le lever complet du rideau composé de draps rapportés et qui s'enroula, non sans peine, autour d'un mince tronc de bouleau horizontalement suspendu. Ayant dénoué sur leurs épaules les nattes de leurs perruques, et noué, autour de leurs reins, des tuniques de fourrures empruntées aux chabraques de leurs selles, les hussards Barbassou, Riboulet, Boniface, Cascamille et Bridouille exécutèrent une danse guerrière qu'un signe de Deïdamia-Barbassou arrêta soudain. Cynthia-Riboulet, Calirrhoë-Boniface, Délia-Cascamille et Xoe-Bridouille s'agenouillèrent et, rampant comme des fauves, allèrent voir aux quatre coins de l'île si quelque imprudent matelot ne s'était pas hasardé sur ses bords. Ayant ensuite rassuré leur Reine, elles accompagnèrent celle-ci jusqu'à l'entrée de la grotte où elle devait reposer, et dont l'intérieur était visible de la salle. Elles-mêmes, Cynthia-Riboulet sur le seuil, les autres sur les monticules voisins, s'étendirent pour goûter la douceur du repos. C'est alors qu'apparut, au milieu d'un rire difficilement contenu, Papillon, coiffé de lychens, ne montrant que la tête d'abord, puis effectuant sur les coudes un rétablissement fort à l'honneur de sa vigueur musculaire. Par une pantomime éperdue, il exprima l'impression que faisait sur lui la beauté de Cynthia-Riboulet endormie et, pénétrant dans la grotte, soupira près de la couche de Deïdamia-Barbassou cette cantilène qu'accompagnait, dans la coulisse, un jeune flûtiste hollandais de bonne volonté, le mélodieux Van den Bémol :

> *O farouche ennemie,*
> *Sur la roche endormie,*
> *Belle Deïdamie,*
> *Effroi des matelots,*
> *Sans qu'elle te réveille,*
> *Souffre qu'à ton oreille,*
> *Chante ma voix pareille*
> *A la plainte des flots!*

Mais la cruelle Deïdamia, réveillée en sursaut par un dernier glapissement de la flûte de Van den Bémol, se levait, furieuse, appelait ses compagnes, et faisait charger de chaînes en verdure le malheureux Cynéphore-Papillon.

Ce premier acte fut accueilli avec une faveur marquée. Les jolies dames d'Alkmaar l'applaudirent, secouant un charmant cliquetis d'or à leurs chevelures, en tournant de tous côtés la tête pour se dire leurs impressions.

Le second acte fut une touchante idylle. Cynéphore prisonnier y recevait les soins hypocrites de Cynthia et en devenait mille fois plus épris. C'était vraiment une scène d'amour d'un caractère particulièrement touchant et élevé que celle où le condamné sans espoir se contentait de demander à l'adorée de souffler sur la flamme de son bûcher pour qu'il ne brulât pas trop longtemps. Il faudrait un cœur de roche pour refuser une telle preuve de tendresse. Lucrèce, elle-même, l'eût accordée à Tarquin s'il se fût contenté de la lui demander.

Ce duo se terminait par une invocation superbe à l'immortalité qui réunit les âmes épurées par le feu et les mêle au chœur embrasé des constellations dans l'espace. Cynthia elle-même se grisait de cette musique qu'exhalaient les lèvres éloquentes de Papillon, toujours soutenu par les turlututu de Van den Bémol. Mais l'heure du sacrifice arrivait. Riboulet, Boniface, Cascamille et Bridouille reprenaient leurs façons de militaires pour venir appréhender au corps Cynéphore, guidés par le sergent Barbassou.

La scène du bûcher emplissait le troisième et dernier acte.

L'effet de lune qui devait révéler à Deïdamia la beauté surhumaine de Cynéphore, n'avait pas été aisé à réaliser en plein jour. Mais Papillon s'en était vraiment tiré d'une très ingénieuse façon. Au moment où la nuit complète devait se faire, des voiles composés de lourdes couvertures assombrissaient la scène. Un jour ménagé par le haut et rayonnant soudain obliquement donnait l'impression blanche de la clarté lunaire.

Au même instant, Papillon-Cynéphore se posait sur le visage et sur les épaules du phosphore qu'il avait dans les mains, en feignant de porter celles-ci à son front et à sa poitrine, dans un geste désespéré. Immédiatement ses traits et sa silhouette s'illuminèrent-ils d'une fantastique lumière, d'une façon de fumée bleuâtre très analogue à ces buées d'argent fluide et froid dont l'astre des nuits baigne quelquefois les objets à travers les feuillages.

L'effet fut formidable. Mais le pauvre Papillon n'avait pas réfléchi que ces vapeurs sont particulièrement irritantes et il n'en fut pas plus tôt entouré qu'il commença de tousser et d'éternuer furieusement, la tête secouée comme un prunier par un vent d'orage, cependant que Deïdamia charmée lui disait :

> *Dieu te bénisse, ami, fantôme radieux!*
> *Si jamais j'ai juré d'être aux hommes farouche,*
> *Je n'ai jamais promis d'être cruelle aux Dieux!*

Tous les spectateurs, trompés par les premiers mots, reprirent en chœur : Dieu te bénisse! durant que Papillon s'efforçait vainement de rendre plus discret ce coryza subit, et qu'il faisait furieusement : Atchou! Atchou! Atchou! la flûte de Van den Bémol répondant comme un écho : Tu tu! Tu tu! Tu tu!

Cette pointe de comédie dans une tragique aventure ne fut pas pour déplaire à un public qui n'avait pas de préjugés en matière de genre, au théâtre, et qui avait joliment raison. « Ce diable d'Eurotas! Comme il a le mot pour rire! » s'écriaient avec enthousiasme les hussards qui formaient l'immense parterre debout et qui étaient tous bien convaincus que cet incident joyeux était dans la pièce. Sauf que le hussard Cynthia-Riboulet mit le feu à sa perruque en rasant de trop près la flamme, la scène du bûcher fut héroïque comme il convient. Deïdamia-Barbassou y mourut superbement cependant que les Tu tu! de la flûte de Van den Bémol se précipitaient en sanglots d'agonie.

— Vive Eurotas! Vive Papillon! Vivent les camarades! Tel fut le cri du parterre. — Vivent les hussards! criaient, en trépignant sur leurs chaises, les jolies dames d'Alkmaar aux tempes serrées dans des coquilles d'or.

— Je suis maintenant sûr de ma pièce! fit Eurotas gonflé d'un légitime orgueil.

— Et moi de mon rôle, ajouta Papillon en se déphosphorant à grand'peine le visage.

— Et moi je quitte au retour l'atelier de David pour faire du décor! conclut le peintre Ugolin qui était devenu leur ami.

La modeste Polymnie n'avait pas eu à souffler une seule fois. Elle reprit, heureuse du succès de ses amis, sa place à la cantine et y eut fort à faire. Car les quelques heures qui précédèrent l'extinction des feux furent joyeusement passées dans le camp. Beauguignon, suivi d'un regard douloureusement inquiet de Polymnie, avait obtenu, d'une des plus jolies dames de la ville la permission de la reconduire jusqu'aux portes, et il n'en était pas encore revenu. Mais les sonneries de la retraite le trouvèrent à l'appel.

Le lieutenant Beauguignon était, avant tout, bon soldat.

XV

Une seconde représentation du chef-d'œuvre d'Eurotas avait été annoncée. Mais l'imprévu avait disparu; l'entrain de tous s'était amorti. La vie était, au fond, monotone, sous un ciel constamment gris que traversait le vol lourd des goélands, dans l'air humide que diamantaient souvent les aiguilles du givre. L'hiver battait son plein; penchant vers le sol les palmes des sapins toutes lourdes de neige, couchant comme un linceul vallonné d'obscurs squelettes sur la plaine, faisant Alkmaar et ses toits pareils à un troupeau de moutons à la toison floconneuse.

Sur l'uniformité blafarde de l'horizon les arbres noirs et sans feuilles mettaient de mystérieux paraphes. Ces griffes noires semblaient déchirer le firmament comme celles d'un monstrueux oiseau.

A quelques lieues, il est vrai, le spectacle était admirable du Zuyderzée dont les banquises se dressaient, les unes contre les autres, comme des tombes, au jour sacré de la résurrection des morts; et, quand une journée de soleil mettait des éblouissements dans ces glaces amoncelées, jamais palais de prince, tout paré de pierres précieuses, n'eût donné un aussi étincelant coup d'œil. Mais ces jours de pleine clarté, semblant tomber dans une immense cassette de diamants, étaient rares et, toujours en observation dans un pays dont la fidélité était suspecte, les hussards ne pouvaient se permettre de bien longues promenades. Une grande mélancolie descendait donc de ces nuées toujours flottantes, la mélancolie de la mer qu'elles venaient d'effleurer, de la mer dont elles emportaient, avec elles, les ineffables tristesses. Nos trois amis étaient ainsi ramenés à leurs pensées douloureuses. Papillon pensait infiniment à Angèle. Ce n'est pas qu'il en parlât beaucoup; mais un jour Eurotas, en lisant sur son épaule, lui dit :

— Tiens, tu fais donc aussi des vers?

— Oui, dit Papillon. Ça m'est venu en pensant à celle que j'aime. Et il soupira plus qu'il ne dit les couplets de sa chanson :

I

Sous l'averse morose
Je pense avec émoi
A la chambre bien close
Où vous rêvez de moi.
— Il neige, il vente, il gèle;
La bise me flagelle.
Je grelotte! Tant pis!
Puisque sur un tapis
Vos pieds chauds sont tapis
   Frileuse Angèle!

II

Durant que la mitraille
Sème son bruit malsain,
Un menuet me raille
Sur votre clavecin.

> *— Il neige, il vente, il gèle;*
> *La bise me flagelle,*
> *J'ai le nez bleu! Tant pis!*
> *Puisque sur un tapis*
> *Vos pieds blancs sont tapis*
>   *Charmante Angèle!*

III

> *Si la mitraille emporte*
> *Ma tête dans le vent,*
> *Mon âme à votre porte*
> *Viendra gémir souvent.*
> *— Il neige, il vente, il gèle;*
> *La bise me flagelle.*
> *Je suis mort! Mais tant pis!*
> *Puisque sur un tapis*
> *Vos chers pieds sont tapis,*
>   *Cruelle Angèle!*

— C'est fort bien, dit Eurotas. Il n'y a encore que l'Amour pour faire les poètes.

— Que tu es heureux de ne pas aimer! répondit un peu étourdiment peut-être Papillon.

Mais Eurotas ne devina — il avait d'ailleurs raison — aucune ironie dans ce propos. Son amour-propre l'eût cuirassé même contre des malignités réelles. Il reprit avec feu :

— Je n'aime pas! où as-tu vu cela, Papillon? Parce que, comme ton ami Robert et toi, je ne demeure pas éternellement fidèle à une tendresse dont je n'ai aucun profit? Mais j'aime plus que vous, mes camarades, puisque moi j'aime toutes les femmes, les brunes, les blondes, sans préjudice des châtaines et sans dédain des rousses. Oui, toutes je les adore et très sincèrement. Mais il est une maîtresse que je leur préfère à toutes : La liberté! Ne pas faire de son cœur un esclave, le garder à soi pour le donner plus souvent et quand on en a le caprice, voici la sagesse et la vérité en amour! La liberté! Tout vrai bonheur est en elle. J'ai même fait une fable sur cela.

— Dis-la-nous! fit Papillon, qui connaissait les faiblesses trissotines d'Eurotas.

Et celui-ci sans se faire prier :

LE CÉLIBATAIRE ET LE VEUF

Un célibataire était gai,
C'est d'ordinaire leur partage.
Mais un veuf libéré, morgué!
L'était encor bien davantage.

MORALE

— Pour goûter le bien précieux
De vivre libre sur la terre,
Mes amis, il vaut encor mieux
Être veuf que célibataire.

— Et je pense comme lui, fit Ugolin. Je ne renoncerais au bonheur d'être célibataire que dans l'espoir d'être veuf.

Robert écoutait toutes ces choses avec une indifférence parfaite, ou, pour mieux dire, il les entendait seulement, comme un bruit vain d'inutiles paroles, comme la rumeur des flots, avec la grande poésie de leur musique en moins. Depuis les fièvres héroïques qu'il avait connues dans la bataille, aucune impression ne l'avait distrait d'une douleur qui n'attendait rien de l'oubli. Amèrement il regrettait de n'avoir pas demandé son changement de régiment, au moment du départ de Brune, et de n'avoir pas suivi le général victorieux dans quelque autre combat. N'importe contre qui, puisque partout on se battait pour la France.!

La révolution du 18 Brumaire avait eu peu d'écho dans un monde étranger à toute préoccupation politique. Que faisait, à tous ces braves gens, qu'on en eût fini avec ces hontes du Directoire que, seuls, ils n'avaient pas subies? Le nom de Bonaparte flamboyait dans leurs esprits pleins du récit de merveilleuses conquêtes. Ils n'étaient pas assez grands clercs pour savoir s'il avait ou non violé la Loi. Robert eût été en état de se faire une opinion sur les choses, mais elles ne l'intéressaient pas davantage que cette plaine montueusement sonore de la mer du Nord dont les vagues poussaient le grondement jusqu'à ses oreilles. Il était impatient de mourir avec un peu de gloire. Il ne s'était engagé que pour cela. Le destin l'avait trahi. Si Laure, comme il en était convaincu, était morte, sa foi de chrétien lui disait qu'il n'avait pas d'autre moyen de la revoir.

Un matin que Papillon descendait à la cantine, il trouva Polymnie tout en larmes. Il l'interrogea. Mais elle n'avait pas la force de lui répondre. Et elle souriait en pleurant. Il finit par comprendre que c'était des pleurs de joie. Quand sa poitrine fut moins secouée de sanglots :

— Une lettre d'Erato! dit-elle à Papillon. J'ai une lettre d'Erato!

— Mademoiselle de Fréneuse est vivante!

Et Papillon, lui-même, était éperdu. Il voulait courir vers Robert, l'amener bien vite. Une fatalité encore dans cet éclair de bonheur! Robert, sous les ordres de Beauguignon, était parti en reconnaissance vers Haarlem et ne reviendrait que le soir.

— Contez-moi tout bien vite, Polymnie! comment la lettre vous est-elle parvenue?

Les fanfares sonnaient le pansage.

— Ah! ma foi! tant pis! je serai puni! fit Papillon. Je serai puni pour avoir manqué à l'appel. Mais je veux savoir. Je brûle! Mon cher Robert!

Et le pauvre garçon était vraiment plein d'une joie débordante.

— Là! là! calmez-vous, Papillon, fit Polymnie en essuyant elle-même ses yeux. Tenez! Prenez un petit verre de rhum; j'en ferai autant pour vous tenir compagnie. C'est bête, mais c'est plus fort que moi. Cette chère petite Erato! bien ingrate pour moi!... au moins, je l'ai longtemps cru, — mais que j'aime, cependant, de toute mon âme! Ah! quand le vaguemestre m'a remis cette lettre, que j'ai vu qu'elle venait de France et que j'ai reconnu son écriture, je suis une gaillarde, Papillon! eh bien! j'ai failli m'évanouir. Et puis j'ai suffoqué... Et puis j'ai voulu lire, mais j'avais de l'eau plein les yeux. Oh! je n'ai pas tout pu lire encore. Douze grandes pages écrites bien serrées. La chère mignonne! Elle avait été bien méchante en me quittant, mais elle s'est souvenue!

— Dites-moi le commencement, fit l'impatient Papillon. Nous lirons le reste ensemble.

— C'est cela! vous avez une jolie idée de ma discrétion! Monsieur Papillon, ce sont nos petits secrets!

— Eh! ne suis-je pas votre ami à toutes les deux? N'ai-je pas failli me faire transpercer pour elle par ce matamore...?

— Je vous défends de dire du mal du lieutenant Beauguignon...

— D'autant que c'est un rude homme que j'adore aujourd'hui, bien qu'il soit destiné à me donner de la salle de police, ce soir, pour avoir manqué le pansage. Mais, parlez, parlez, ma petite Polymnie. Comment Erato a-t-elle su que vous étiez ici?

— Par ma mise à l'ordre du jour après la bataille de Castricum. Très longtemps après, comme toujours, le *Journal officiel* de la République a daigné en informer ses lecteurs.

— Et où est-elle?

— Ne soyez pas si impatient, monsieur Papillon. Elle est à Paris.

— Chez qui?

— Auprès d'une charmante demoiselle qui la rend parfaitement heureuse. J'en étais là quand vous êtes venu.

— Mais comment cela s'est-il fait?

— Laissez-moi parler, je vous en prie. Vous vous rappelez, comme moi, que la pauvre enfant avait disparu après que vous eûtes, pour elle, avec le lieutenant, l'altercation qui s'est si heureusement terminée. Comme elle vous l'avait appris elle-même, dans la lettre qu'elle avait laissée pour madame Migoulette, Erato n'avait plus voulu supporter un genre de vie qui l'exposait tous les jours à de pareils affronts. Elle n'en disait pas davantage, et tout indiquait, en elle, une funeste résolution. Par un sentiment de délicatesse, bien puéril en un pareil moment, mais que, moi qui la connais, je comprends bien d'elle, elle se rappela, dans le désordre de ses pensées, qu'elle avait reçu, la veille, de madame Migoulette l'ordre de porter un chapeau chez une cliente de l'île Saint-Louis, qui en avait besoin pour le matin même. Elle se dit qu'elle devait faire son devoir jusqu'au bout. Elle prit le carton avec son petit paquet de bohémienne et voulut, avant tout, l'apporter à destination. Mais tenez, au fait, j'aime mieux vous lire, ou plutôt, lisez-moi, Papillon. J'ai les yeux tout rouges et qui me font mal.

Papillon prit impatiemment les feuillets qui lui étaient tendus. Du bout de son ongle, Polymnie lui avait indiqué où il fallait reprendre la lecture. Il continua ainsi :

« ...J'avais la mort dans l'âme, ma chère Polymnie, en faisant ce chemin. Quand je traversai, sur le pont, la Seine toute bleue, toute étincelante de soleil, presque tentante, je vis que je n'aurais pas le courage d'aller jusqu'au bout. Je crois vraiment que c'est Dieu qui m'a soutenue. Il faisait encore trop matin pour sonner quand j'arrivai devant la maison. Je m'en étais approchée, la tête baissée, tout engourdie dans mon triste rêve, me souvenant mal du numéro et de la rue, dont le nom avait été changé, et cherchant machinalement à me les rappeler tout bas. Quand je levai les yeux sur la porte, j'eus un affreux serrement au cœur. Je reconnaissais... Je dus m'appuyer sur une borne, tant mon émotion était poignante... Ce vieil hôtel dont l'écusson avait été cyniquemnt rajeuni, ce grand jardin dont les verdures surplombaient la muraille, cette grande maison de brique dont on ne voyait que le toit, à travers les frondaisons, c'est là que j'avais passé les plus belles heures de mon enfance, que j'avais connu, tout petit, l'ami dont je t'ai souvent parlé, que nous avions joué ensemble, que Robert m'avait appelée sa petite femme...,»

— Hein! fit Papillon, s'interrompant brusquement.

— Qu'avez-vous! lui dit Polymnie.

— Ah! ce serait trop fort! reprit-il. Et il poursuivit :

« ...Cette chère demeure, ce lieu plein de mes souvenirs était l'hôtel des Aubières... »

— C'est bien ça! Laure est près d'Angèle! vous dites qu'elle est restée là? Oh! la Providence a pitié de nous!

— Remettez-vous, mon ami, fit l'excellente Polymnie.

Et, fiévreux, Papillon continua de lire :

« ...Tout ce passé si doux se dressait devant mes yeux. Je croyais entendre la petite voix de Robert derrière ces hauts murs et, sur le sable des allées, les pas de nos parents qui nous cherchaient, tout en courant et en cueillant des fleurs dans les plates-bandes. J'avais mis mon carton à mes pieds et je m'étais assise sur une des deux grandes pierres qu'une chaîne, entre deux anneaux de fer, reliait autrefois. Les oiseaux chantaient comme en ce temps heureux, et les tilleuls avaient le même frémissement parfumé. Un instant mes yeux se fermèrent et j'eus l'illusion complète de mon bonheur ressuscité. Le bruit de la porte s'ouvrant toute grande m'arracha à ce rêve délicieux. Des chevaux superbes qu'on allait promener à la main en sortirent. Toutes les croisées s'étaient ouvertes. J'entrai, le cœur battant à me rompre la poitrine, et je demandai si mademoiselle Barigoule... »

— Mon Angèle ! ma chère Angèle ! ne put s'empêcher de s'écrier Papillon.

— Comment ! celle que vous aimez est là aussi ? fit Polymnie au plus haut point intéressée.

— Certes ! mais ne m'interrompez pas à votre tour. Si vous saviez !

« ...pouvait recevoir une commande qu'elle avait faite. Toute troublée, reconnaissant tout autour de moi dans cette maison où je me sentais maintenant si étrangère, je fus introduite auprès d'une jeune personne qui me reçut avec un affable sourire et je ne sais quoi de sympathique dans le regard, dont je me sentis rassurée. Inconsciemment, sans coquetterie aucune, elle essaya la coiffure et la laissa très négligemment tomber sur un canapé en disant : « C'est bien. C'est très joli ! » Je me sentais clouée sur place. De la fenêtre de cette chambre élégante et pleine de fleurs, je voyais la pelouse où je jouais autrefois avec mon petit ami. Malgré moi, les larmes me montèrent aux yeux. La demoiselle le vit et, me prenant la main : « Ma pauvre enfant, dit-elle, qu'avez-vous à pleurer ? » Je ne la repoussai pas, mais je ne lui répondis pas. Elle avait, cependant, dans la voix une pitié si vraie, je me sentais si seule au monde et si désespérée qu'une sorte de confiance me vint de la douceur de sa parole. Je lui dis que je pleurais parce que j'avais été autrefois heureuse où elle l'était à présent et parce qu'il ne me restait rien de tout ce que j'avais aimé. Elle-même s'attendrit à son tour. — « Si jeune, fit-elle, et sans personne au monde ! » Elle me demanda ce que je comptais faire. — Je lui répondis que j'avais remis mon âme à Dieu. Elle eut peur de la façon dont je le dis : — « Voulez-vous rester auprès de moi ? me dit-elle vivement. J'avais une vieille gouvernante dont mon père me délivre aujourd'hui même, en lui assurant la vie. Je voudrais, auprès de moi, une personne plus jeune, de bonne éducation, comme vous semblez être. Mon père n'est pas toujours aimable. Mais il est bon homme au fond, et puis il m'aime beaucoup et finit toujours par faire ce que je veux. Permettez que je vous présente à lui tout à l'heure. » — J'étais tout étourdie ; j'écoutais presque sans comprendre. Je sentais seulement qu'on m'arrachait à la mort, comme un noyé qu'une main saisit au fond d'un gouffre. Elle me suppliait d'être confiante avec elle, de lui dire tout mon secret. Mais je lui tus mon nom. Je ne voulais pas qu'il fût prononcé là, profané par d'autres bouches. J'étais noble, orpheline, sans asile. Qu'avait-elle besoin de savoir de plus ? Elle le comprit et, me faisant asseoir près d'elle, me parla avec une douceur infinie. Elle me traiterait comme une amie plutôt que comme une servante. Elle s'était tout de suite sentie attirée vers moi. Elle sentait qu'elle m'aimait déjà et m'aimerait bientôt bien davantage. Je vis, cependant, qu'elle reculait, avec quelque embarras, le moment de me présenter à monsieur Barigoule. Un Barigoule dans la maison des Aubières ! Enfin !

« Elle n'avait pas tort. Car ce grossier personnage — au premier abord, du moins, puisque maintenant il est fort bon pour moi — ne prit pas seulement la peine de se retourner quand elle me présenta. Elle lui dit tout ce qu'elle savait de mon histoire, avec une émotion bien vraie. Alors il se mit à me regarder avec des yeux plutôt curieux que bienveillants, impertinents presque, et, d'un ton dégagé d'homme qui veut faire le grand seigneur : « Mademoiselle ma fille, dit-il, je vous ferai observer que vous m'avez déjà fait adopter, cette semaine, un chat estropié et un chien perdu... »

— Canaille de Barigoule ! hurla Papillon.

« J'étais rouge d'indignation. Mais, d'un ton sévère, ma protectrice lui fit honte de son langage. Il lui demanda pardon et me pria aussi d'excuser ce qu'il appela son esprit parisien. — « Vous savez que je fais tout ce que vous voulez, mademoiselle ma fille, reprit-il, sur son ton de gentilhomme. Que cette belle enfant — car je la trouve décidément charmante — vous rende les mêmes services dont feu la Pitonnet s'acquittait si imparfaitement. » Et il me congédia, un laquais galonné jusqu'à la nuque étant venu annoncer un grand financier.

— « Nous serons bien heureuses ensemble! me dit mademoiselle Barigoule, en m'embrassant comme une sœur, quand nous eûmes passé la porte.

« Et vraiment, elle a tenu parole. Elle seule m'a rendu et me rend tous les jours, ma chère Polymnie, cette tendresse protectrice à laquelle tu m'avais accoutumée, sans laquelle je ne pourrais plus vivre. Mais ne crois pas que je t'oublie, et n'en sois pas jalouse. Le souvenir de ma mère chérie qui est morte dans tes bras m'attache à toi, comme à nulle autre je ne pourrais être attachée. Quand elle me parle, il me semble que c'est ta voix que j'entends. Comme c'est étrange, ce qui se passe en nous!... »

— J'en étais là, fit Polymnie. Maintenant, lisez plus doucement, que je ne perde rien.

Papillon, solennellement, déplia le sixième feuillet :

« Il me semblait que tout me serait une douleur dans cette maison où tout m'avait été une joie, que l'amertume de mes souvenirs y pèserait, plus lourde, dans mes regrets. Il n'en est rien. Il m'est doux, au contraire, maintenant, de vivre là, dans la mémoire du passé, dans l'ombre de tout ce qui me fut cher. Ah! que souvent, quand je suis seule, par les matins tout pleins de lumières frémissantes, ou par les soirs, sous le scintillement consolateur des étoiles, je m'appuie au bras de Robert absent, comme autrefois, je lui parle, je lui jure que mon cœur ne sera jamais qu'à lui. Alors, j'ai peur qu'il soit mort... »

— Dieu merci, non! s'écria Papillon.

« ... et que ce soit son ombre qui se penche ainsi vers moi, qui m'écoute, et qui me dit de douces paroles. Car tout nous a séparés, et je ne saurai jamais, peut-être, ce qu'est devenu celui à qui j'ai voué cette éternelle tendresse... »

— Comme il va être heureux! fit, en s'interrompant encore soi-même, le comédien.

— Vous êtes insupportable, Papillon, lui dit Polymnie.

« ... Tu sais, les lettres que je lui écrivais, quand tu m'as surprise, un jour, chez madame Migoulette, où je mettais toute mon âme, qui t'inquiétaient et qui te faisaient sourire, tu les a gardées, n'est-ce pas? Si jamais nous nous retrouvons dans ce monde, je veux qu'il sache combien je l'ai toujours et fidèlement aimé... »

— Ce sera fait tout à l'heure, dit à son tour Polymnie. Je les ai là dans un coffret. Car ce Robert des Aubières, c'est le hussard, n'est-ce pas? votre ami qui n'est guère galant pour moi, mais que j'aime tout de même. Et puis, il est brave, et mon Erato sera bien heureuse avec lui.

— En lui parlant d'elle, Polymnie, veuillez l'appeler mademoiselle de Fréneuse.

— Entendu, monsieur, on sait son monde aussi bien que vous! Continuez.

« ...Oui, ma chère Polymnie. Je me verrais cette existence tranquille, sinon heureuse, assurée pour toujours que je m'en contenterais. Je vis avec mes absents et personne n'y raille ma mélancolie. Au contraire, mademoiselle Angèle ne cherche pas à m'en distraire par des plaisirs qui me feraient mal. Elle respecte, avec un tact parfait, ce qu'il y a de sacré dans ma douleur. Ce n'est pas une compagnie bien gaie pour elle. Mais elle dit qu'elle m'aime mieux ainsi. Elle a des goûts sérieux, adore la lecture. Nous nous attardons souvent, toutes les deux seules, le soir, aux pages souvent relues du poète que nous aimons le mieux. Elle peint aussi agréablement... »

— Nous lui donnerons Ugolin pour professeur! dit Papillon en façon d'aparté.

« ...M. Barigoule nous gêne peu. Il est mêlé à de grandes entreprises. Il va aux réunions du monde élégant. Il cultive les relations qui lui peuvent être utiles. Nous ne pouvons deviner vraiment quelles sont ses ambitions. C'est à croire qu'il les a toutes. Les journaux ne sont remplis que de ses faits et gestes et il se ruine à occuper les gazettes de sa personne. C'est l'homme à la mode, recherché partout, dans les salons, dans les théâtres.... »

— Pas toujours quand on y jouera mes pièces! s'écria Papillon. « ....C'est donc une vie très en dehors que la sienne, très bruyante, et qui fait aussi peur à sa fille qu'à moi-même. Depuis cependant qu'il a résolu de la marier... »

— Hein! fit Papillon en devenant rouge comme une pivoine.

« ...il reçoit souvent et ce nous est un vrai supplice. Il a choisi à sa fille un futur ridicule et dont elle déclare bien haut qu'elle ne veut point... »

— La brave fille!

« ...Il se nomme Pistache et est procureur de son état. On dit qu'il est très méchant avec les misérables et nous le détestons toutes les deux. Il ne parle que d'envoyer les gens en prison et, quand il a fait condamner un pauvre diable, il en est plus fier que s'il avait gagné une bataille. Croirais-tu qu'après lui avoir raconté toutes ses mauvaises actions, il ose encore lui tenir de tendres propos et lui offrir des fleurs! Il faut voir de quel air dédaigneux elle reçoit ses bouquets et les laisse presque tomber de ses mains, avec un air de bouderie sur le visage! Moi je regarde cela quelquefois, en les quittant, et je ne puis m'empêcher de sourire en voyant le pauvre amoureux si vaniteux et si piteux, tout ensemble... »

— Comme j'en rirais aussi de bon cœur! fit Papillon.

« ...Vraiment ce serait un malheur pour Angèle, qui est sensible et bonne, d'épouser un tel homme. Tout à fait grotesque avec cela par l'importance qu'il se donne, parlant haut, portant beau, faisant le galant sans grâce... »

— Son portrait tout craché! fit Papillon.

— Mais vous le connaissez donc? demanda Polymnie.

— Si je le connais! Mais c'est mon rival! Mais c'est mademoiselle Angèle Barigoule que j'aime! C'est pour elle que je me suis engagé!

— En voilà une aventure, monsieur Papillon! Au même nid, les deux colombes! Mais, continuez, continuez...

— Il n'y en a plus bien long.

« ... Moi, je crois que, comme moi, mademoiselle Angèle a un amour au cœur, quelque petit ami d'enfance, comme mon Robert... »

— Moi! moi! fit Papillon.

« ... Sans doute, moins aimable et moins noble que lui... »

Papillon fit la grimace. Avec une certaine hésitation, il poursuivit :

« ... mais qu'elle ne peut cependant oublier. J'ai cru le comprendre à quelques paroles qu'elle m'a dites ; mais n'ayant pas voulu, malgré toute l'affection que j'ai pour elle, lui dire mon secret, je n'ai pas le droit de lui demander le sien. Ce serait un très grand malheur, pour moi, qu'elle se mariât... »

— Excepté avec moi! interrompit le comédien.

« ... et je n'ose vraiment y penser ; ce serait mon existence brisée une fois de plus, mon exil éternel de ce temple du souvenir où je me console de vivre, où tout me parle du passé. Ne plus revoir, une fois encore, ces grands arbres où les oiseaux disent les mêmes chansons ; ne plus entendre le jet d'eau qui rythme, de ses sanglots, la mélancolie de mes rêves ; être exilée une fois encore, exilée de mon exil même, que j'avais su me rendre cher ! Mais je ne veux pas t'attrister, ma chère Polymnie, de ces craintes que je veux croire chimériques encore. Ton Érato ne t'aura jamais confié que des tristesses. Mais tu en prenais si bien ta part, et la mienne en devenait si légère ! Ne va pas te faire tuer, au moins, là-bas, si la guerre revient. Si tu savais ce que j'ai été fière de toi, quand j'ai lu ! Ah ! tu es meilleure que moi, et plus brave, et plus utile aux malheureux. Que ne m'as-tu dit ton projet avant que nous soyons séparées. J'aurais fait comme toi. Il faut bien des femmes pour soigner, à la guerre, les blessés sur le champ de bataille. J'aurais été une de celles-là qui se dévouent, et qui meurent quelquefois, glorieuses comme les soldats. Tu sais où il faut m'écrire. Ne me laisse pas sans nouvelles de toi. Moi je t'écrirai souvent. Tu es ma première amie. Tu seras peut-être, bientôt encore, la seule. Pense à moi, souvent. Moi, je pense à toi toujours. Reçois de loin toutes les tendresses de celle dont tu as séché les premières larmes et qui te garde peut-être ses dernières douleurs. »

« Laure de FRÉNEUSE »

« pour toi toujours : Érato »

Polymnie essuya vivement ses yeux.

— Vous avez dit, monsieur Papillon, que le hussard Aubières ne serait ici que ce soir?

— Ou demain matin peut-être. On dit que les partisans du Prince d'Orange s'agitent du côté de Haarlem.

— Pourvu qu'il ne lui arrive pas malheur! fit la cantinière. Tout vous fait peur quand on est trop heureux.

XVI

Il semble que ce soit quelquefois tenter la destinée que de lui indiquer, par avance, les coups dont elle pourrait nous frapper. La nuit était venue, une de ces nuits promptes d'hiver qui emplissent l'espace, soudain, comme une avalanche d'ombre. Ce voile, à peine déchiré par places, les feux du camp y semant comme de rouges étoiles, était agité de souffles glacés venant de la mer. L'haleine des neiges y faisait passer d'invisibles flocons. Une impatience mélancolique était au fond de tous les cœurs, de ceux de Polymnie et de Papillon surtout, à qui commençait à peser, comme un fardeau, la bonne nouvelle.

Tout à coup, un bruit précipité de sabots battant le sol rude. Une estafette arrivait à bride abattue, qu'on entoura, le cheval ayant des brouillards aux naseaux, et l'homme du givre à la moustache. Les nouvelles étaient mauvaises. On les entendait commenter par avance, entre lecteurs de journaux. Le petit détachement commandé par Beauguignon avait rencontré un groupe de partisans ennemis. On avait échangé des coups de feu. Plusieurs hussards avaient été blessés, le hussard Aubières plus gravement que les autres, et semblant perdu.

— Que disais-je! s'écria Papillon, fou de vraie douleur. Le ciel est décidément contre nous.

— L'enfer plutôt! dit Polymnie, dont de grosses larmes brûlaient les joues. Et le lieutenant ?

On la rassura sur le sort de Beauguignon. Il avait été héroïque, comme toujours, et était sain et sauf. On aurait pu cribler du blé avec son shako, et il avait mis, à lui tout seul, trois hommes hors de combat, à grands coups de sabre. La petite troupe était restée maîtresse de la position, et s'y était fortifiée.

Mais, à cause des blessés qu'elle ne voulait pas abandonner, elle avait dû rester sur place, et demandait, pour le retour, des civières et un léger renfort qui les protégeât, en chemin, contre quelque nouvelle trahison. Papillon et Eurotas demandèrent à faire partie de cette nouvelle expédition, et Polymnie obtint de les suivre. On repartirait dès qu'il ferait petit jour. Mais le petit jour vient tard en février. La nuit fut pleine d'angoisses pour les amis de Robert. Pour la seconde fois, le sort le frappait au seuil de ses espérances.

Enfin une buée grise indiqua vaguement l'horizon. L'ombre moins épaisse, dans le pâlissement des feux, fut secouée de fanfares. L'aube ouvrit plus largement son aile couvant l'œuf mystérieux, l'œuf de flammes d'où jaillit la vie, le soleil encore caché, et qui demeurerait peut-être longtemps encore dans son nid de brume. On sauta à cheval. Papillon avait fini par apprendre à Caligula à se tenir sous lui. Il n'osait encore être familier avec sa monture au point de l'éperonner ou de la cravacher, mais il en obtenait une certaine docilité par la douceur et le raisonnement. Dans l'air, à la fois lourd et coupant, avec un flic-flac de sabres battant aux flancs des bêtes, les pistolets chargés aux arçons et les mousquetons à la selle, on prit le galop, la plaine étant traversée, çà et là, de flaques gelées qui s'étoilaient en s'écrasant avec des craquements éclatants. A la vue du renfort, Beauguignon fit exécuter de joyeuses sonneries. Il embrassa Polymnie en admirant son courage et son dévouement. La pauvre fille faillit s'évanouir de joie. — Et Aubières? — Beauguignon fit comme une grimace douloureuse, et haussa tristement les épaules. — Mort? fit Papillon dont le souffle s'arrêtait à la gorge, tant était violente son émotion. — Non! Mais je crains qu'il n'en vaille pas mieux, continua le lieutenant. La balle a passé trop près du cœur. Tous les autres vont mieux.

Papillon et Polymnie pleuraient. Eurotas maudissait les Dieux. Beauguignon dit à Papillon : — Venez voir votre ami. Il a peut-être quelque chose à vous dire.

Dans un quadrilatère de chevaux solidement attachés à des piquets, faisant autour d'eux une sorte de muraille chaude et vivante qui les protégeait du vent et des rafales de neige, les blessés étaient étendus sur les rares couvertures qu'on avait emportées pour les bêtes, les têtes soutenues par des arçons de selle, des camarades dévoués ayant retiré leurs propres vestes, malgré le froid, pour les en couvrir. La vie militaire est faite de ces camaraderies sublimes, et cela suffit à lui valoir le respect de tous. Les autres blessés étaient sur leur séant et demandaient à boire. Le sourire était même revenu aux lèvres de quelques-uns, qui se sentaient heureux d'avoir frôlé de si près la mort.

Robert, lui, gisait comme une masse inerte, respirant avec effort, avec du râle où passait, à peine distinct, le nom de Laure. Polymnie et Papillon se penchèrent sur lui; mais bien qu'il levât sur eux des yeux pleins d'un étrange effarement, il ne les reconnut pas. A son tour, Papillon, d'une voix étouffée de sanglots, lui murmura le nom de Laure. Les yeux du malade s'ouvrirent plus grands, mais ce fut tout, et il retomba dans sa prostration secouée de hoquets douloureux. Un chirurgien avait été amené, qui le visita le premier et fit un triste hochement de tête. — Perdu? demanda Beauguignon. Le chirurgien palpa le patient avant de répondre. Il souleva le pansement provisoire qui avait été fait et qui ouvrit comme une fontaine de sang. Puis il examina la blessure, la lava et y appliqua de nouveaux bandages, Robert scandant chacun de ses mouvements d'une convulsion de souffrance sur le visage. Très courageuse, et avec l'adresse particulière aux femmes,

Polymnie aida, assouplit et tendit, le long de ses propres doigts, les bandelettes de toile et les fixa avec l'aiguille quand elles furent enroulées. Papillon et Eurotas suivaient, anxieux, ses moindres mouvements. Un instant, Robert fut si près de s'évanouir qu'ils le crurent sur le point de trépasser. Polymnie fit un signe de croix, tout en continuant de soutenir, avec l'épaule, sa tête lourde d'inertie que baignait une mortelle pâleur. Un peu d'eau-de-vie sur les lèvres ranima le moribond. — Ce serait l'achever que le transporter dans l'état où il est, fit le chirurgien. — Que faire, cependant? dit Beauguignon, nous ne pouvons l'abandonner. — Plutôt rester ici avec lui! firent violemment Papillon et Eurotas.

— Qui vive! s'écria tout à coup une sentinelle, en faisant claquer la batterie de son mousqueton.

— Ami! répondit une voix très douce, dans le brouillard. Ami! Ne me reconnaissez-vous pas? Qu'on m'amène au lieutenant, sans me faire de mal.

Et Beauguignon vit arriver, conduit par deux hussards, dont chacun lui tenait un bras, le doux Van den Bémol qui lui dit : — C'est moi qui jouais de la flûte, l'autre jour, à la comédie.

— C'est vrai! firent Eurotas et Papillon, et les Français n'ont pas, en Hollande, d'amis comme ce brave garçon!

— Oui! j'aime les soldats français! fit le jeune Hollandais avec enthousiasme.

— Que voulez-vous, ménétrier? lui demanda Beauguignon, radouci, et après avoir fait signe aux gardes de rendre la liberté aux membres du prisonnier. Eh bien! ils sont jolis vos compatriotes!

— Il y en a beaucoup qui aiment votre pays, reprit vivement le flûtiste. Il y en a même qui le lui prouvent et je suis de ceux-là. On m'a dit que vous aviez des blessés?

— Quelques-uns, c'est vrai, mais un seul qui le soit gravement.

— Écoutez, mon lieutenant. Habitant Alkmaar, où je donne des leçons, non par besoin, — car je suis riche, — mais pour répandre l'art divin de la flûte parmi ces populations arriérées...

— Comme Orphée, ne put s'empêcher d'interrompre Eurotas.

— ... je viens de passer quatre mois à peu près complètement dans votre camp, vivant de votre vie, chantant vos louanges aux habitants d'Alkmaar. Tous vos soldats m'ont traité en camarade, au point de se moquer souvent de moi. Mais je ne leur en veux pas. Au contraire! Cette familiarité m'allait encore et je leur étais reconnaissant de cette cordialité. Je ne suis pas d'Alkmaar, cependant. Ma famille est d'Haarlem et y occupe une position considérée. Elle partage mes sentiments pour la France. Vous voyez d'ici Haarlem. Si vous avez quelque malade que vous ne puissiez emporter avec vous, laissez-nous le recueillir et le soigner pour vous le rendre guéri. Nous serons fiers de cette hospitalité donnée à un héros, et nous entourerons d'une affection fraternelle celui qui se sera confié à notre loyauté.

Van den Bémol prononça ces derniers mots avec un tel accent ému de sincérité qu'ils en prirent une certaine éloquence.

— Nous répondons de lui! firent vivement Papillon et Eurotas, qui voyaient le salut, peut-être, de Robert dans ce concours inattendu d'un étranger.

— Votre main, camarade! fit Beauguignon au Hollandais. Je ne doute pas de vous.

Et, s'adressant au chirurgien, en lui montrant Robert que Polymnie tenait toujours dans ses bras comme un enfant :

— Est-il transportable jusqu'à Haarlem?

— Avec de grandes précautions, peut-être. En tous cas, c'est la seule chance qu'il ait d'être sauvé.

— J'ai tout près d'ici une voiture et d'excellents chevaux, fit tout simplement Van den Bémol. J'y ai emmené deux servantes de ma sœur très habiles à tous les soins. Nous n'avons aucune rencontre fâcheuse à craindre dans ce si court trajet. Les gens du prince d'Orange, à qui vous avez tué plusieurs hommes, se sont retirés du côté de la mer, où un brick est prêt à les recevoir au cas où vous les auriez poursuivis.

Des ordres furent donnés qui ouvrirent le cordon de sentinelles dont la petite armée était défendue. Un carrosse familial, qui eût pu servir au sacre d'un roi, roula dans la neige qui commençait à tomber, traîné par deux de ces grands chevaux jaunes à nez bourbonien que Van der Meulen a peints si souvent et dont la race s'est soigneusement conservée là-bas. Deux femmes, vêtues à la frisonne, et d'une irréprochable propreté dans leur mise paysanne, cependant, en descendirent. Elles en tirèrent des oreillers moelleux qu'on fit glisser sous le corps douloureux de Robert, Polymnie et l'une des nouvelles venues soutenant la tête du blessé quand on le souleva, Eurotas et Papillon étant parmi les porteurs.

Lentement, avec des soins infinis, ils parvinrent à coucher leur ami sur une façon de matelas qui se trouvait aussi dans la voiture. Robert des Aubières portait un médaillon d'or au cou, où étaient des cheveux de sa mère. Polymnie ouvrit doucement le bijou et y glissa un pétale de rose séchée. Ce débris de fleur était dans la lettre qu'elle avait reçue de Laure.

— Au moins, dit la cantinière, on l'enterrera avec ce souvenir d'elle !

Elle mit un baiser au front suant l'agonie de Robert. Papillon et Eurotas, tout en larmes, posèrent leurs lèvres à la main pendante et glacée de celui qu'ils ne croyaient plus revoir.

Les autres blessés avaient été posés dans des civières accrochées aux flancs de deux chevaux, soigneusement bridés ensemble, et que maintenait à distance un seul cavalier. On sonna le départ. Le retour fut ralenti par ce convoi et ce ne fut qu'à la nuit tombante qu'on regagna Alkmaar et le camp. Papillon et Eurotas parlèrent de Robert tout le long du chemin. Polymnie, pour la première fois peut-être, était silencieuse et une instinctive révolte était dans son cœur de femme contre l'injustice de la destinée.

Pendant ce temps, l'excellent Van den Bémol était monté auprès de Robert, et, sur la neige accrue, comme sur un tapis, sans cahots, avec les roues comme enveloppées d'ouate, le carrosse familial roulait au pas, entrait dans Haarlem et déposait son précieux fardeau dans une maison riante, aux volets verts, très vaste, avec une serre sur le devant où d'admirables tulipes fleurissaient en toute saison.

Van den Bémol n'avait pas menti. Les siens aimaient la France. Si Robert eût eu quelque conscience seulement de ce qui se passait autour de lui, il ne se fût pas retrouvé sans surprise dans un lit moelleux, d'une blancheur éblouissante, sous des rideaux d'étoffe ancienne qu'un connaisseur eût payés au poids de l'or, et surtout couvé par le regard compatissant, angéliquement attendri d'une belle jeune fille apportant un cordial dans un verre qui tressaillait entre ses jolis doigts d'ivoire fuselé. C'était mademoiselle Lisbeth, la sœur du flûtiste, la petite mère de deux jeunes frères plus petits qu'elle et que leur mère, — la sienne aussi, — en mourant, avait légués à sa tendresse. Elle tenait donc la maison, bien que n'ayant pas vingt ans encore, son père, un excellent homme et le plus célèbre collectionneur de tulipes de Haarlem, n'étant guère occupé que de la culture de ses caïeux.

Mademoiselle Lisbeth passait pour la plus jolie fille d'une ville où la bourgeoisie en comptait encore beaucoup. Elle réalisait le type du pays avec une perfection charmante, trop mignonne pour être comparée à une figure de Rubens, ayant cependant cet éclat lacté du teint, ces tons délicats de rose aux paupières, ces belles lèvres légèrement charnues et pourprées qui constituent la beauté des femmes du Nord. Sa chevelure était d'un blond de miel admirable : l'intérieur d'une ruche qu'une araignée céleste aurait tendue de fils d'or ; car il passait des lumières éclatantes dans ce fauve très pâle.

D'une grâce encore naturellement juvénile, elle avait cependant les épaules visiblement potelées, et ses petites mains blanches étaient ponctuées de fossettes circonflexes. Mais ce qui était vraiment impossible à décrire, c'était le vrai coin de ciel qu'elle avait dans les yeux et la douceur infinie de son sourire. Van den Bémol avait un culte pour sa sœur comme on en peut avoir un pour une sainte.

Et par sa bonté exquise, par son adorable charité, mademoiselle Lisbeth méritait cette vénération de son frère aîné, des petits confiés à sa garde, et de tous ceux qui l'approchaient.

Un médecin du pays, le plus renommé, fut mandé en toute hâte et ne dissimula pas l'état désespéré de Robert. Il fallait, pour le sauver, une vigueur de tempérament bien rare ou une façon de miracle comme la nature en fait quelquefois. Le docteur Voitus prescrivit avant tout, autour du malade, un grand silence et un absolu recueillement. Lisbeth promit d'y veiller elle-même et écarta, tout d'abord, la curiosité des enfants qui attendaient, impatients de quelque chose de nouveau, à la porte de la chambre. Le pansement du chirurgien fut confirmé. Le cordial fut approché des lèvres de Robert qui y trempèrent à peine. Il passa la nuit, veillé par la jeune fille et les deux suivantes, dans un complet abattement, dans une inconsciente inertie que traversaient quelques gémissements arrachés à la douleur. Et la journée qui suivit fut pareille, très calme mais sans réveil d'espérance, dans le jour très doux et très blanc que tamisaient les rideaux des hautes croisées, l'atmosphère tremblotant autour du large poêle de faïence où passaient quelquefois des pétillements d'étincelles.

Le troisième jour seulement, aux premières lumières du matin, le blessé ouvrit des yeux où s'était éteint l'éclat de la fièvre, des yeux ayant perdu leur effrayante fixité, des yeux où semblait rentrer lentement l'impression de la vie. Un étonnement vague se peignit dans son regard. Puis celui-ci s'arrêta sur une image où il sembla comme boire un charme singulier et profond.

Mademoiselle Lisbeth était devant lui. Les paupières de la jeune fille s'étaient immédiatement baissées et une belle rougeur était montée à son pur visage. Elle était comme surprise aussi, et honteuse de l'adorable honte de la charité. Robert se crut, un instant, le jouet d'un rêve. Toutes ses piétés d'enfant chrétien remontèrent à la surface de son âme et il lui sembla que c'était la Vierge Marie qui lui souriait déjà, dans la béatitude paradisiaque. La mort serait-elle si douce par une telle résurrection? Une musique lointaine et comme séraphique par l'éloignement, à peine perceptible, comme l'oreille affinée d'un malade peut seule l'entendre, augmentait encore cette illusion. C'était le pauvre Van den Bémol qui s'était retiré dans la pièce la plus éloignée de la maison, une façon de hangar n'y tenant que par un côté et qui, inguérissable, essayait des turlututus discrets sur sa flûte.

Les paupières de mademoiselle Lisbeth se relevèrent lentement sous les frémissements d'or des cils. En même temps se relevait le regard enhardi de Robert. Leurs yeux se rencontrèrent sur un même rayon d'azur qui venait du ciel.

Il ne parla pas. Il lui semblait qu'un seul mot effaroucherait cette vision enchanteresse. Elle aussi demeurait, par devoir et par modestie naturelle, silencieuse. Et la journée passa ainsi, une des plus délicieuses, peut-être, de leur vie à tous les deux. Car Robert sentait un épanouissement nouveau de son âme dans le bien-être qu'apportait, à ses veines, la chaleur ranimée de son sang, le retour sacré à la vie. Car Lisbeth connaissait soudain une joie mystérieuse, et le bonheur des dévouements infinis lui était révélé dans un être vers lequel elle se sentait invinciblement attirée.

Par la mort prématurée de sa mère, par l'existence d'horticulteur passionné, de *fou-tulipier*, — comme on disait au siècle précédent, — de son père, mademoiselle Van den Bémol, dont le frère aîné, lui-même, n'était qu'un délicieux maniaque de musique, toute confinée dans sa tendresse pour les enfants qu'elle élevait, ignorait tout de la vie, non pas même passionnelle, mais mondaine. Un grand sentiment devait surgir, soudain, en elle, de tous les besoins obscurs d'affection qu'une femme, ainsi délaissée, porte en elle. L'heure d'aimer était venue pour elle, et le premier tintement venait d'en sonner au plus profond de son cœur virginal.

Celui qui était là ne méritait-il pas, d'ailleurs, cet excès de sympathie tout prêt à devenir de l'amour? Robert des Aubières était d'une beauté mâle et pleine de noblesse. La race et le courage se lisaient sur son front aux lignes correctes, dans son regard tout ensemble radieux et assuré. C'était un soldat, un de ceux que les femmes ont toujours le droit d'aimer, car c'est par le sourire de la beauté que tous les héroïsmes ont été conçus, depuis l'origine du monde. Et ce soldat venait de verser son sang pour sa patrie. Il était tout pâle encore de la blessure par où tout le reste coulerait peut-être demain.

Une raison encore pour justifier ce sentiment subit d'une jeune fille pour un inconnu, bien que rien ne soit moins rare au monde : l'amour est une contagion, et tout disait, dans Robert, qu'il avait aimé, aimé profondément, aimé jusqu'à la souffrance. Que l'instinct de la tendresse qu'un autre inspire éveille en nous une façon de tendresse réflexe, rien n'est plus commun, rien n'est plus humain, et c'est bien des choses inutiles, vraiment, pour expliquer la chose la plus simple du monde.

De tout cela, d'ailleurs, soyez-en sûrs, la pudique créature ne s'avouait rien à elle-même. Elle croyait à une joie venant de la charité, plus intense que toutes celles qu'elle avait déjà ressenties. Elle remerciait, dans son âme pure, Dieu d'avoir mis tant de volupté haute et profonde dans l'accomplissement du plus doux des devoirs ici-bas.

Oui, l'amour est une contagion. Une fois rendue à elle-même par une amélioration de son état physique, la pensée de Robert avait fidèlement couru à Laure; il avait rebu les premières gouttes de vie à la coupe sacrée de son souvenir. La tendresse éternelle, inviolable, était là, pour lui, dans cet insurmontable deuil de mademoiselle de Fréneuse, une tendresse faite de larmes et d'inutiles regrets.

L'effleurement, pour ainsi parler, d'une autre tendresse venant à lui, bien vivante, celle-là, bien faite de rêves réalisables et d'avenir, endormit, pour un temps, sans l'éteindre, cette pensée toujours désespérée de l'absente. Une douceur, qui n'était plus seulement l'élan d'une naturelle reconnaissance, lui vint des soins qui continuèrent pour lui, durant les jours suivants, où s'affirmait sa convalescence. — Rien n'est sauvé encore! disait le docteur Voitus, craignant toujours une rupture de la cicatrice mal affermie; mais tout peut être sauvé.

Ces mots mettaient un hymne de grâces éperdu au cœur de Lisbeth toujours recueillie et silencieuse dans le charme de ce qu'elle sentait, d'heure en heure, plus vibrant en elle et plus délicieusement oppressif.

Le décor était bien fait pour ce discret échange d'impressions entre deux âmes également vierges, au fond, également pures. C'était, à travers les hautes croisées, comme une moisson de lis sur les toits où la neige s'était durcie. Tout était blancheur argentée dans la chambre où descendait ce jour pâle. Tout était candeur dans ce paysage entrevu derrière les vitres. Dans l'air palpitaient les gazes d'une toilette de fiancée. Mais rien n'était ni si blanc, ni si candide, ni si mystérieusement pur que ce qui les liait ainsi l'un à l'autre, sans qu'ils en eussent bien conscience, et comme si ces chaînes eussent été tissées, entre eux, pendant leur sommeil!

Van den Bémol n'était pas sans deviner un peu le sentiment qui grandissait dans l'âme de Lisbeth pour le blessé qu'il avait recueilli. Mais il savait le hussard Aubières gentilhomme; il avait apprécié, souvent, sa bonne éducation, contrastant si fort avec le dégingandé de ses camarades; il avait la passion de ce Français et de ce brave. Il l'eût voulu pour frère, et souriait à un rêve indécis d'alliance qui mêlerait leur sang et leurs noms.

Lisbeth ne concevait rien au delà du bonheur de voir Robert près d'elle, et revenant doucement, par elle, à la vie.

On était moins résigné, dans le petit camp qui continuait à grelotter dans l'ombre frileuse d'Alkmaar. Papillon, Eurotas et Polymnie étaient sans nouvelles de Robert, et l'impression qu'ils avaient emportée était que le pauvre Robert devait être maintenant mort, sans doute. Polymnie avait répondu à mademoiselle de Fréneuse, mais elle avait eu le courage de ne pas lui parler de Robert. A quoi bon, puisqu'il eût fallu lui apprendre ensuite que Robert, un instant retrouvé, était perdu pour jamais, pour jamais couché dans une tombe!

Une seconde lettre de Laure avait continué les confidences de la première. Le procureur Pistache semblait gagner du terrain. Elle craignait qu'Angèle ne finît par céder aux instances de son père. Ce détail mit Papillon dans un état de colère épouvantable. Il voulait déserter, regagner Paris à pied, tuer ce ridicule magistrat. Eurotas et Polymnie le calmaient de leur mieux. On ne se marie pas en deux jours! La campagne allait être finie! Eurotas, qui avait plus qu'aucun autre le mal du pays, charmait ses loisirs en chantant, comme Ovide, les tristesses de l'exil. Témoin cette complainte :

RIEN N'EST QUE DE FRANCE

Où sont, sous les matins en pleurs,
Les jardins plantés d'églantines
Où, dans les clochettes des fleurs,
Les bourdons d'or sonnaient Matines?

— Vers le pays, tourne, ô proscrit,
Le rêve de ton espérance.
Ailleurs, en vain, rose fleurit.
Il n'est belles fleurs que de France!

Où sont, sous les midis vermeils,
Les treilles de lierre enlacées
Et l'ombre où les tièdes sommeils
Berçaient lentement les pensées?
— Vers le pays, tourne, ô proscrit,
Le rêve de ton espérance.
Ailleurs, en vain, beau ciel sourit.
Il n'est beau soleil que de France!

Où sont, sous les soirs étoilés,
Mêlant, sur la plaine endormie,
Les flots d'argent à l'or des blés,
Les chères pâleurs de l'amie?
— Vers le pays, tourne, ô proscrit,
Le rêve de ton espérance.
Ailleurs, en vain, beauté sourit.
Il n'est fronts charmants que de France!

Et cette chanson encore :

REGRETS DE PARIS

Paris charmant, Paris joyeux,
Notre-Dame, quai de la Grève,
Je vous cherche toujours des yeux
Et vers vous s'envole mon rêve.
— Ces toits d'or sous le ciel vermeil,
Ces toits d'argent sous la nuit brune,
C'est Paris qui chante au soleil,
C'est Paris qui rit à la lune!

Paris joyeux, Paris charmant,
Tour Saint-Jacques et Tuileries,
Qu'est devenu l'enchantement
Dont mon printemps vous a fleuries?

— Ces toits d'or sous le ciel vermeil,
Ces toits d'argent sous la nuit brune,
C'est Paris qui chante au soleil,
C'est Paris qui rit à la lune!

Charmant Paris, joyeux Paris,
Qui de loin me garde fidèle,
Aux lacs de ton souvenir pris,
Mon cœur bat avec un bruit d'aile.
— Ces toits d'or sous le ciel vermeil,
Ces toits d'argent dans la nuit brune,
C'est Paris qui chante au soleil,
C'est Paris qui rit à la lune!

Pour lui faire prendre le temps en patience, Ugolin lui dessinait, de mémoire, les principaux panoramas de Paris, des petites vues des monuments, des théâtres, surtout. Celle du théâtre Feydeau faillit arracher au sensible Eurotas des larmes.

XVII

Cependant, Papillon et Polymnie étaient dans un état d'angoisse impossible à décrire, ne sachant toujours pas si Robert était vivant ou mort. La rencontre inattendue d'une façon d'ennemi qu'avait faite la dernière reconnaissance avait fait resserrer, au camp, les nœuds de la discipline. Il n'était plus permis à aucun homme de s'en écarter ni de s'éloigner en marche. Aucun des détachements envoyés en observation, et dont Papillon avait toujours obtenu de faire partie, n'avait poussé jusqu'à Haarlem.

Un jour, le brave garçon n'y tint plus d'impatience et demanda au lieutenant Beauguignon la permission d'une journée. Celui-ci le reçut, d'abord, fort mal; mais quand il sut le motif de sa demande, il s'adoucit. Lui aussi, Beauguignon, ne serait pas fâché d'avoir des nouvelles de son ancien adversaire des fossés de Vincennes, pour qui il gardait beaucoup d'estime et une sorte d'amitié. Il avait vu Robert au feu et le tenait pour un de ses meilleurs soldats. Mais Beauguignon, lui-même, n'était qu'en sous-ordre. Tout ce qu'il put faire, c'est de promettre de fermer les yeux. Papillon partirait, sans autorisation formelle, sous sa responsabilité, et si, en plus haut lieu, son absence était constatée, il subirait toute la rigueur des règlements. Mais Papillon n'hésita pas, malgré que Polymnie voulût le retenir. Elle savait la gravité de la peine à laquelle il s'exposait. Papillon partit. Pour la première fois de sa vie, il osa même éperonner Caligula qui répondit en ruades à ce manque aux convenances. Mais le comédien savait, maintenant, se tenir en selle. Il arriva bride abattue à Haarlem, dans un vrai bouquet de tulipes orientant, dans tous les sens, leurs calices rayés de roses tendres et de violets délicats.

S'étant renseigné sur la maison de Van den Bémol, il s'y rendit, sans perdre un instant. Une grande émotion le prit devant ces murs riants qu'ouvrait une large baie de fleurs d'où, peut-être, s'était envolée l'âme de son meilleur ami, parmi les parfums de ce parterre. Il demanda le flûtiste, qui descendit aussitôt. Ce lui fut encore un nouveau battement de cœur de l'interroger d'un mot : — Vivant? — Oui, certes, et sauvé! — Je pourrais le voir? — Certainement! Mais le médecin a recommandé qu'on lui évitât toute émotion. Ne lui parlez donc de rien qui l'intéresse trop. Et Papillon pensa : — Allons! je serai obligé encore de lui garder le secret d'où dépend son bonheur!

Sur la pointe des pieds, il entra, sans se montrer, tout d'abord, dans la chambre du blessé dont il voyait, cependant, l'image dans une glace. Robert était très changé, d'une pâleur extrême, avec des traits que la souffrance avait creusés. Une certaine expression heureuse, qui frappa le visiteur tout d'abord, errait cependant sur son visage amaigri.

Mademoiselle Lisbeth était près de lui, et vit Papillon, dès son entrée. Elle en eut un involontaire frisson. On eût dit qu'elle sortait brusquement d'un rêve heureux, pour tomber dans une réalité farouche, qu'elle se souvenait tout à coup après avoir oublié. Cette impression d'effroi fut rapide dans ses beaux yeux, soudain redevenus calmes, dans le sourire qui se redessina immédiatement au travers. Tel un rayon de soleil dans une buée d'orage. Elle s'approcha de Robert, après avoir réprimé les mouvements de son propre cœur, et, tout bas, lui annonça qu'il allait revoir un ami qu'il aimait beaucoup.

Étrange effet de cette heureuse nouvelle! Robert, lui aussi, parut s'éveiller d'un songe où, volontiers, il serait demeuré davantage. — Papillon! cependant, dit-il, avec une gaîté un peu forcée sur les lèvres. Papillon, blanc comme un linge, s'avança et ouvrit les bras. Mais, craignant de faire mal au blessé, en les refermant autour de lui, il se contenta de l'envelopper d'une étreinte imaginaire, comme d'un anneau trop large, approchant seulement son visage du sien.

— Vous savez qu'il ne faut pas le faire parler beaucoup, lui dit doucement la garde-malade.

Mais Papillon, lui-même, était bien incapable de dire un seul mot. Il avait de grosses larmes, tout à la surprise débordante de joie de retrouver son ami vivant.

La visite fut courte, comme le médecin avait seulement permis d'en faire. Quand il se retrouva sur l'élégant escalier de sapin odorant qui, par une spirale sculptée de fleurs, conduisait à la chambre du malade : — Vous me jurez qu'il n'y a plus aucun danger? demanda Papillon à Van den Bémol. — Le médecin nous l'a assuré, à condition de continuer à être prudent, lui répondit le mélomane.

Et Papillon sortit de Haarlem, fou de bonheur, se disant que, maintenant, on pourrait annoncer à mademoiselle Laure de Fréneuse que celui qu'elle avait tant pleuré était vivant.

Quand il revint au camp, il apprit que le lieutenant Beauguignon était aux arrêts. Il s'informa. Son absence à lui, Papillon, ayant été constatée dans une inspection, le lieutenant l'avait couvert en déclarant que le hussard était parti sur son ordre et pour une mission qui lui était personnelle. Papillon voulait absolument aller déclarer la vérité et prendre, au moins, sa part de la punition. Polymnie lui fit comprendre que cela ne ferait qu'aggraver les choses en faisant constater un accord tacite entre l'officier et lui. D'ailleurs, Beauguignon avait des états de service qui lui permettaient de ne pas être compromis, dans sa carrière, pour si peu.

Polymnie aussi était toute à la bonne nouvelle que lui apportait le messager. Pendant que celui-ci essayait de rentrer dans les grâces de Caligula en le bouchonnant « comme un prince », suivant sa propre expression, indiquant qu'il se faisait une étrange idée de l'étiquette des cours, vite, elle écrivit et remit au vaguemestre, pour qu'elles partissent aussitôt, par le courrier d'Alkmaar, quelques lignes où elle apprenait à Laure que Robert des Aubières vivait, qu'il était soldat, qu'il l'aimait toujours.

Par un sentiment très délicat qui n'étonna aucun de ceux qui l'apprécièrent à sa juste valeur, Papillon avait absolument interdit à la cantinière de parler de lui à mademoiselle Barigoule. Il ne voulait pas qu'une lettre surprise par le père, peut-être, causât à la jeune fille de nouveaux ennuis. Mais sa probité visait plus haut. Il ne voulait devoir Angèle qu'à elle-même, qu'à la constance de son souvenir, qu'à la fidélité de sa tendresse. Mesurant la distance que la fortune avait mise entre elle et lui, il n'entendait pas qu'elle se sacrifiât en aucune façon. Si, comme elle le lui avait juré, elle se conservait à lui, repoussant tout autre projet d'alliance, il serait le plus heureux des hommes. Mais il ne voulait pas peser dans la balance de cette chère destinée. Il s'en remettait à Dieu de conduire la jeune fille dans le chemin où l'attendait le bonheur si bien mérité.

La vérité, encore, c'est qu'il avait une confiance absolue. Sans être ébranlée, celle-ci reçut, cependant, un rude assaut de la réponse que fit mademoiselle de Fréneuse à la lettre de Polymnie; réponse où débordait une joie éloquente et pure, long cri de l'âme délivrée d'une horrible angoisse et clamant vers l'infini des actions de grâces éperdues. Après avoir parlé de Robert et de ses tendresses pour lui avec un abandon qu'elle n'avait jamais eu, Laure terminait en exprimant ses craintes sur le présent qui ne devait pas s'écrouler, cependant, avant que l'avenir fût là pour en sécher les dernières larmes. Mademoiselle Angèle Barigoule, son amie, était au désespoir. Le procureur Pistache semblait plus insolemment que jamais sûr de son fait. On disait, d'autre part, que la situation financière du citoyen Barigoule n'était pas aussi solide qu'on l'avait toujours cru jusque-là. Il avait jeté beaucoup d'argent par les fenêtres, lequel n'était pas rentré par les portes.

— Puisse-t-il se ruiner bien vite! s'écria l'égoïste et sublime Papillon. Rien ne me séparera plus d'Angèle.

Puis, sa pensée prenant un autre cours :

— Il faut que nous soyons là, pourtant, si quelque débâcle arrive. Ah! cette maudite campagne ne finira donc jamais!

Eurotas, qui entendit ces derniers mots, fit chorus avec lui. Qu'est-ce qu'on attendait, maintenant, pour rappeler les troupes en France? Ils ne s'étaient engagés, Dieu merci! que pour la durée de l'expédition en Hollande. Bonaparte et Masséna venaient d'écraser les débris de la coalition. Est-ce qu'il n'était pas temps que l'âge d'or refleurît après ce long âge de fer où se consumaient, dans l'inutile cliquetis des armes, leur virile jeunesse? Et il continuait à prendre aussi lyriquement le contrepied de toutes les impatiences héroïques d'Achille retenu, sous des habits de femme, loin des combats.

Ugolin était absolument du même avis. Il lui tardait de se remettre au portrait de quelque jolie Parisienne, qu'elle fût ou non dame de qualité. Car il ne demandait qu'un peu de beauté à ses modèles et avait, parbleu! bien raison.

Pendant qu'à Paris, dans le vieil hôtel des Aubières, et au camp, sous les tentes des hussards, s'agitaient ces pensées, et qu'à travers l'espace et le temps, ces deux conventions des géomètres et des horlogers, de l'un de ces points lointains à l'autre se renouait, entre les personnages de cet authentique récit, la trame interrompue, se rejoignaient, comme des ruisseaux longtemps séparés qui se retrouvent et se confondent, les chemins obscurs de leurs cœurs, la convalescence de Robert à Haarlem s'affirmait, toujours veillée par les soins délicats, incessants, d'une affection de jour en jour plus abandonnée, de mademoiselle Lisbéth.

Avec les fiertés douces du devoir passionnément accompli, elle suivait un à un les progrès qui corroboraient la guérison du cher blessé. Quelle joie la première fois que celui-ci descendit bien lentement de son lit, pour aller, soutenu par son bras, jusqu'au large fauteuil où l'attendait une véritable grappe d'oreillers! Deux jours après, il pouvait faire le tour de la chambre et s'arrêter, un instant, debout, devant la croisée, d'où son regard plongeait au loin dans l'espace où les neiges continuaient à s'étager à l'infini, descendant des croupes veloutées des toits à la monotonie des jardins limitrophes de la ville, où les arbres noirs semblaient saupoudrés de sucre fin.

Par un sentiment complexe, en exprimant la crainte tendre qu'il se fatiguât, mademoiselle Lisbeth interrompit, sitôt qu'elle le put, cette contemplation. Ainsi, dans les nids frileux, les mères s'inquiètent en voyant pousser les ailes des petits. C'est que tout était fragile dans le rêve de la jeune fille, fragile et blanc comme cette neige que fondrait peut-être le soleil de demain! Ce candide paysage, délicatement fleuri de frimas et diamanté de givres, était bien selon l'image de son âme. Toute cette blancheur était-elle faite pour la toilette de l'épousée ou pour les longs plis du suaire où son cœur serait pour jamais enseveli? Devant ce mystère doux et cruel, elle eût voulu que cet hiver et cette convalescence durassent éternellement, dans cette prison si douce où les retenait, l'un près de l'autre, plus que les intempéries de l'air et la faiblesse qu'avait laissée la blessure, je ne sais quel accord obscur et muet de leurs pensées recueillies dans le même bien-être inconscient.

Et les journées passaient, passaient, derrière les vitres où s'ébauchaient les mêmes ombres d'avalanche, dans la tiédeur du foyer et l'arome doux des tisanes parfumées, sans qu'ils eussent, ni l'un ni l'autre, le regret de l'espace et l'impression du temps, ces conventions des géomètres et des horlogers.

Que nous les mesurions ou non, cependant, comme l'Infini, l'Éternité se déroule, et nous ne saurions prolonger d'une minute le bonheur arrivé au terme de sa course, comme au bout fatal d'un rouleau. Le grand fleuve nous emporte, sans s'arrêter un seul instant dans son cours, brisant, pour nous, à chaque inflexion de ses eaux, l'enchantement des rives soudain disparues, et vers lesquelles nos souvenirs ailés retournent seuls, comme des alcyons fidèles. Lui non plus, Robert, ne voyait plus rien au delà de cet horizon de tendresses douces et discrètes dont il se sentait enveloppé et caressé, sans chercher et sans comprendre l'au-delà qui était en elles. Il ne parlait jamais du camp et de ses compagnons, ayant remarqué que ce sujet d'entretien faisait passer un voile de mélancolie au front de mademoiselle Lisbeth. La vérité, qu'il faut bien dire, c'est qu'il y pensait de plus en plus rarement.

Ce lui fut donc comme un coup de foudre, quand l'ordre lui fut transmis, par une estafette venant d'Alkmaar, d'avoir à rejoindre, aussitôt que l'état de sa blessure le permettrait. Il répondit que le médecin demandait quelques jours encore; mais ce fut la fin du charme sous lequel il avait vécu, le premier coup de ciseau à travers la trame, plutôt rêvée que vécue, dont il s'était senti si délicieusement le captif.

Des nouvelles graves pour nos amis arrivaient cependant. Une dernière lettre de Laure insistait sur la tension croissante de la situation qu'elle avait simplement indiquée de quelques mots. Celle de Barigoule devenait décidément critique. Les deux jeunes filles pouvaient se retrouver, d'un jour à l'autre, rejetées dans de douloureux hasards. Enfin, Laure mourait de ne pas encore avoir revu Robert, et les dépêches officielles de Paris annonçaient comme très prochain le rappel des troupes laissées en Hollande. La coalition s'écrasait, vaincue, aux pieds de Bonaparte.

Papillon, dûment autorisé, cette fois-ci, revint à Haarlem pour hâter le retour de Robert au camp. Voyez-vous qu'on partît en l'abandonnant à l'étranger! Mademoiselle Lisbeth pâlit en voyant le hussard et s'éloigna tristement, pensant, justement d'ailleurs, que ces deux hommes avaient des choses à se dire qu'elle ne devait pas entendre, maintenant que Robert était assez fort pour tout écouter.

Papillon, avec une exubérance joyeuse, étouffé par la volubilité même de ses paroles, apprit à Robert que mademoiselle de Fréneuse était vivante et retrouvée. A ce nom, à cette nouvelle, Robert se leva en portant ses deux mains à son front qu'il serra, comme pour se bien assurer que ce n'était pas le néant qui battait sous son crâne. Dans cette étreinte, le passé le reprenait tout entier. Tout le reste s'évanouissait comme un songe.

— Je me sens assez fort pour te suivre, dit-il à Papillon.

Au même instant, mademoiselle Lisbeth, tout angoissée, mais cachant tout ce que, sans rien savoir encore, par la seule divination instinctive de ceux qui aiment, elle souffrait, entrait, un sourire menteur à la bouche.

— Il faut que je vous dise adieu, mademoiselle, lui dit, avec une gravité émue, Robert, frappé de sa pâleur.

Elle resta muette, comme si elle ne le comprenait pas. Puis, elle sonna et, prouvant bien qu'elle avait cependant compris, elle fit rassembler par ses servantes les effets du blessé. Van den Bémol, instruit de la nouvelle du départ, accourut. Lui se mit bruyamment à gémir sur cet ami qu'il aimait comme un frère, et qu'il ne reverrait peut-être jamais! Le flûtiste avait l'attendrissement à fleur des paupières. Il éclata en larmes et serra vingt fois Robert dans ses bras. Mais il ne le quitterait pas encore! Il l'accompagnerait jusqu'au camp! Il le suivrait peut-être en France où l'on a besoin de bons flûtistes.

Mademoiselle Lisbeth était toujours immobile, donnant des ordres d'une voix calme, un peu tremblante, cependant. Jamais elle n'avait été si belle que dans cet adieu muet qu'elle disait à la vie, en même temps qu'à son rêve. Elle abandonna sa main à Robert qui y mit ses lèvres, en murmurant des remerciements, mais elle ne l'accompagna pas d'un seul pas. Quand, seulement, la porte de la chambre se fut refermée derrière lui, elle laissa son cœur monter à ses yeux en torrent de larmes et tomba à genoux. Quand elle se releva, elle regarda machinalement autour d'elle. Son regard s'arrêta sur la croisée. Il faisait un admirable soleil, et la neige avait fondu, le beau paysage de neige, fragile comme son espoir, soudain évanoui, comme lui, et dont il lui semblait sentir tout le poids descendre dans sa poitrine oppressée.

Le soir même, elle invitait son père à faire venir, auprès des enfants, une de leurs tantes qui les aimait beaucoup, et lui signifia sa résolution arrêtée de se retirer dans un couvent. Quelques années plus tard, on en porta le deuil, dans sa famille, sans l'avoir jamais revue.

Le trajet de Haarlem au camp se fit avec une lenteur nécessitée par les ménagements que demandait encore l'état du blessé, et qui faillit faire mourir Polymnie d'impatience. Robert, que ne quittaient ni Papillon ni Van den

Bémol d'un instant, le fit sans presque ouvrir la bouche. Ses compagnons attribuaient son silence à la fatigue, à l'essoufflement du grand air qu'il n'avait pas respiré depuis longtemps, à ce malaise que la tiédeur des dégels met toujours dans l'atmosphère; mais la vraie raison en était ailleurs, dans le cours tumultueux des pensées dont Robert était comme agité au dedans. Il lui avait semblé un instant, pendant de longs jours même, que sa vie allait s'effilant comme un ruisseau qui s'épuise dans les sables, pour n'être plus, bientôt, qu'un filet murmurant, une voix perdue parmi les mousses et les cailloux. Cette tendresse de sœur charitable murmurant des prières, à son chevet, et de douces paroles lui revenait à l'esprit comme l'écho perdu de cette musique déjà lointaine par où lui-même laissait son âme doucement s'en aller.

Maintenant la vie se rouvrait devant lui large comme un fleuve, comme un gouffre peut-être, avec l'ancien amour, l'éternel et despotique amour qui l'appelait du fond. Il allait rentrer dans la lutte pour reconquérir celle qui l'avait fait, à travers les déchirements et les adieux, éternellement sien. Il en ressentait une joie profonde et presque farouche. Il n'avait plus rien à souhaiter ici-bas. Néanmoins, une mélancolie passait dans ce torrent d'enthousiasmes et d'actions de grâces. Sur cette grande clarté qui l'illuminait, flottait ou plutôt frémissait une ombre, celle des rideaux blancs qu'entr'ouvrait la jolie tête blonde de Lisbeth, pour lui sourire dans son lit de douleur!

Il savait Laure vivante et sauvée. Mais, par instants, l'angoisse le prenait qu'elle ne l'aimât plus. Tout ce qu'on lui avait dit de la fragilité du cœur des femmes lui revenait, cruel, au cerveau. Puis, il chassait ces mauvaises pensées comme des blasphèmes, et s'exaltait aux bonheurs qui allaient enfin lui être rendus, mais toujours muet, toujours enfermé dans sa rêverie sillonnée, comme un ciel orageux, de tant d'éclairs, mouillée de tant de larmes!

Polymnie l'attendait à l'extrême limite des tentes. Au milieu de la gaîté générale, elle l'embrassa, et, comme par un hasard de service, le lieutenant Beauguignon se trouva là pour complimenter le hussard Aubières de sa belle conduite et de sa guérison. On avait demandé, pour lui, de nouveaux galons.

— Eh bien? fit Polymnie à Robert quand ils se retrouvèrent seuls, Papillon et Eurotas lui-même s'étant éloignés pour les laisser causer à l'aise.

— Je crois que je rêve, fit Robert, tant je suis heureux. Mais vous qui savez tout ce qu'elle pense, rassurez-moi d'un mot. Mademoiselle de Fréneuse m'aime-t-elle encore?

— Elle n'a jamais cessé de vous aimer, fit Polymnie, et tenez, si vous en voulez la preuve!

Elle ouvrit un coffret et en tira un gros paquet de lettres que nouait une faveur d'un rose passé. C'était toutes celles que la petite Erato avait écrites au temps de l'atelier Migoulette, quand elle laissait son âme se répandre, dans la solitude des veillées, sur ces lignes que le cher absent ne devait peut-être lire jamais.

— Tenez, lisez! dit Polymnie à Robert; tout cela est plein de vous, tout cela est fait pour vous!

D'une main tremblante d'émotion, Robert ouvrit une des feuilles pliées, d'où montait comme un parfum vieillot de reliquaire, comme une pénétrante odeur de fleur fanée. Son nom était à la première ligne. La première phrase était un souvenir de leur enfance. Ses yeux se baignèrent de douces larmes. Dans sa poitrine il serra le précieux paquet, et se retira pour goûter, seul, cette joie mystérieuse et sacrée, pour lire et relire encore, pour remonter, comme un courant, toutes ces joies du passé, avec ces petites feuilles blanches pour voiles.

Et, quand l'extinction des feux eut sonné, pour la première fois, enfreignant la discipline, au chevet de son lit, entre des livres qui empêchaient la lumière d'en diffuser dans tous les sens, il continua de lire et de relire à la chandelle, la grande et silencieuse quiétude de la nuit faisant plus distincte, à son oreille, cette voix qui lui parlait de si loin, ne lui laissant perdre aucun des battements de ce petit cœur qui lui était resté si noblement fidèle. C'était une façon de testament de sa misère, que mademoiselle de Fréneuse avait écrit là, tout ce qu'elle léguait de tendresse, à travers les obscurités de la distance, à celui qu'elle ne reverrait jamais sans doute, à celui qui l'avait peut-être oubliée!

Le lendemain matin, à la diane, Papillon fut frappé de la grande allégresse que respiraient les traits de Robert. Il en fut surpris et heureux. Celui-ci, qui avait la pudeur de ces joies, ne lui parla pas des lettres. Le souvenir reconnaissant de la pauvre Lisbeth n'était plus, déjà, qu'un de ces brouillards légers que semble consumer le rouge bûcher du soleil, que dissipe le rouge soleil de l'amour.

Une lettre de Paris, arrivée le matin même, vint jeter un trouble nouveau dans cette accalmie des angoisses passées. Après l'élan de la joie immense qu'elle avait ressentie en apprenant que Robert était vivant, sauvé, tout prêt de revenir, peut-être, mademoiselle de Fréneuse y exprimait les grandes inquiétudes du présent. Elle avait pénétré le secret de la fausse résignation d'Angèle au mariage qui lui faisait horreur. Il n'y avait pas d'illusion à se faire. Le vaniteux Barigoule était ruiné, non pas seulement, mais à deux pas d'un irrémédiable déshonneur. Dans l'abîme des spéculations, ce n'était pas sa fortune seule qu'il avait engloutie. De lourdes responsabilités pesaient, non seulement sur sa conscience, mais sur sa considération. Il avait besoin d'une certaine complicité de la magistrature pour n'être pas traîné en justice.

C'est ce malhonnête apport qu'il espérait trouver dans une alliance avec le procureur Pistache. Celui-ci savait, d'ailleurs, ce qu'il faisait en affectant un désintéressement que ne décourageait pas le changement radical de situation pécuniaire de sa future. Les poursuites écartées, il y avait à repêcher beaucoup dans ces eaux troubles d'une fortune compromise. Affaire de temps, seulement : quand les créanciers seraient convaincus qu'il n'y avait rien et se résigneraient à leur perte, sournoisement, on ramasserait ces miettes oubliées de ce festin de prodigue et il y aurait encore de quoi refaire la table du mauvais riche, s'en nourrir très confortablement.

En attendant, c'était, dans le monde des dupes, une grande animation contre Barigoule. Il ne pouvait plus sortir sans être insulté. C'était un concert d'injures et de malédictions autour des murailles du parc toutes maculées de menaces et d'inscriptions insolentes. La pauvre Angèle était au désespoir et prête à tous les sacrifices, pour arracher son père à cet opprobre par une union inspirant autour d'elle une respectueuse terreur.

Quand Polymnie, avec tous les ménagements possibles, communiqua ces fâcheux détails à Papillon, celui-ci entra dans une colère épouvantable. Il voulait déserter, retourner à Paris à l'instant même, massacrer Pistache et faire toutes les folies du monde. Robert était plus calme, mais plus profondément désolé, peut-être. Quoi que nous fassions, la profondeur de nos sentiments se mesure toujours à celle de notre âme. Une indignation effroyable contre le destin grondait en lui.

Ainsi le hasard n'avait ramené mademoiselle de Fréneuse dans la maison volée de ses ancêtres que pour y subir de nouveaux affronts! De ceux qui l'avaient indignement dépouillée, il fallait qu'elle prît aussi sa part d'opprobre, qu'elle partageât leur honte avec leur pain! Il était donc encore, aujourd'hui, sur certaines familles des fatalités pesant comme autrefois sur les Atrides; un acharnement du sort contre le nom, contre le sang, ces deux choses inertes, inconscientes et qui ne se peuvent défendre! Et, par un retour douloureux de la pensée aux splendeurs abolies, il revoyait, dans son souvenir, le grand hôtel si calme dont les hôtes étaient entourés de tant d'hommages, quand lui-même, tout enfant, cueillait, pour Laure, des églantines dans le grand jardin.

Par un chemin différent de l'esprit et des émotions, il arrivait à la même conclusion désespérée que Papillon. Il fallait voler, sans attendre, au secours de ces deux jeunes filles et les arracher, au besoin, par la force, à tous ces périls, à toute cette fange. Lui aussi était prêt à risquer sa vie et son honneur de soldat pour arriver plus tôt à leur secours.

Les deux amis s'entendirent du regard. Leurs mains se serrèrent.

— Nous nous reverrons encore tous les deux dans le jardin de l'hôtel des Aubières! fit Papillon à voix presque basse.

— C'est à la vie et à la mort entre nous! lui répondit Robert sur le même ton.

Ils échangèrent quelques mots encore. La nuit ne les retrouverait plus au camp.

Cependant, celui-ci s'emplit tout à coup d'une rumeur inattendue. Les nouvelles apportées de Paris ne concernaient pas seulement Robert des

Aubières et Papillon. Elles annonçaient la paix signée et le retrait immédiat des troupes françaises de Hollande. Les régiments, réduits à leur effectif de marche, regagneraient la frontière suivant un itinéraire émanant du ministère de la guerre. Quant aux engagés pour la campagne seulement, tout en conservant le droit de se faire rapatrier, en même temps que leurs camarades, aux frais de l'État, ils étaient libres.

— Eh bien ! les camarades, qu'est-ce qu'on fait ? demanda Beauguignon à Papillon et à Robert ivres de joie.

— Nous partons sur l'heure ! s'écria Robert.

— A pied ? demanda le lieutenant.

Nos deux amis se regardèrent. En effet, ils étaient sans argent et allaient se trouver sans chevaux.

— Nous arriverons avant vous, continua Beauguignon. Car les hussards font partie de l'avant-garde et on nous enjoint de revenir à grandes journées, comme si l'on avait, quelque part encore, besoin de nous. Ne nous quittez donc pas encore. Comme vous, nous retournons à Paris. Vous savez, d'ailleurs, les enfants, que je ne suis plus votre officier, mais seulement votre ami.

Et, d'un geste franc, cordial, tout militaire, Beauguignon leur tendit ses deux mains, que Robert et Papillon pressèrent avec fierté.

On fut boire ensemble à la cantine, où Eurotas persuadait à Polymnie de quitter l'armée pour venir souffler sa pièce au théâtre Feydeau, ou ailleurs. D'un autre côté, l'appétissante cantinière était sollicitée par Ugolin, volontaire aussi, de lui venir servir de modèle, pour une bacchante dont il avait l'idée. Polymnie fut heureuse de voir retardée, pour ses amis, l'heure de la séparation. Et les libations joyeuses ayant délié les langues, Papillon, qui eût pu se surnommer lui-même « le tambour des secrets », entra, avec Beauguignon, dans la voie des confidences, et, malgré les efforts de Robert, le mit au courant de leur amoureuse situation.

— Deux demoiselles à enlever ! s'écria Beauguignon, ça me regarde. C'est moi qui m'entends à les dépister ! J'en suis, mes amis, et une bonne douzaine de mes meilleurs hussards avec moi !

Et il ajouta, avec une fatuité pleine d'entrain :

— Il faut bien apprendre à ces jolies dames de Paris que les hussards sont revenus dans leurs murs. Il paraît que le gouvernement veut améliorer les mœurs. Nous lui donnerons une bonne leçon, et lui apprendrons à se mêler de ses affaires. Au petit jour, mes enfants, du lendemain de notre arrivée, et les blanches tourterelles seront vite entre nos mains !

Robert des Aubières était profondément blessé de penser que mademoiselle de Fréneuse était l'objet de cette profession de foi soldatesque. Il pria Beauguignon, pour lui imposer silence, de garder pour lui le secret de l'aide qu'il leur avait promise. Le soir même on se mettait en marche pour regagner, d'une première étape, Haarlem.

Dans la chambre toute tendue de fleurs claires où veillait une lampe, à demi déshabillée seulement, et ses admirables cheveux blonds épars sur ses épaules, mademoiselle Lisbeth Van den Bémol, assise auprès de sa croisée où scintillaient, à la vitre, des reflets d'étoiles, toute aux rêveries douloureuses de l'abandon, eut comme un sursaut douloureux en entendant les sonneries françaises approcher, puis s'éloigner, emportant avec elles tout ce qui lui restait d'espérance, tout ce qui lui restait de cœur. Quand le silence fut revenu, elle s'agenouilla, et l'aube la retrouva toujours vêtue, les yeux rouges de larmes et des prières aux lèvres. Au couvent, du moins, ces réveils cruels de la vie lui épargneraient leur pitié !

Nos victoires nous ayant valu une respectueuse et prudente admiration dans le monde entier, on ne traversait plus que des pays vraiment amis. Les hussards furent fêtés, comme des libérateurs, à Rotterdam, à Anvers et tout le long du Brabant.

Eurotas salua d'un hymne enthousiaste le retour dans la Patrie, au seuil des Ardennes, dont les forêts profondes s'étageaient dans un ruissellement de verdure déjà sombre, tout le long de la Meuse où les reflets du ciel clair mettaient un ruban d'azur. On respirait à pleins poumons l'air natal dans ce magnifique paysage où l'âme des aïeux montait, dans l'atmosphère, avec la sève des pousses nouvelles. Plus qu'aucun autre, Robert, deux fois proscrit, savoura, au plus profond de son être, ces patriotiques impressions de l'enfant qui revoit sa mère, et foule un sol où il voudrait mettre ses lèvres. Deux patries à la fois étaient, pour lui, dans cette belle France qui lui rouvrait ses bras larges et verdoyants : celle où il avait laissé son berceau, celle où l'attendait son amour, tous ses souvenirs ensemble avec toutes ses espérances !

Dans un sentiment plus exubérant, moins recueilli, plus bourgeois, Papillon passait par des émotions pareilles, et ne les enfermait pas aussi complètement en lui. Mais en même temps qu'à Angèle que — nouveau Renaud d'une Armide nouvelle — il allait délivrer, comme un preux de l'antique chevalerie, il pensait aussi avec attendrissement au vieux père Papillon, qui se devait courber davantage sur sa table, pour polir, d'une main plus tremblante, les verres de ses éternelles lunettes.

Après une demi-journée de soleil que rafraîchit soudainement l'approche des jolis jardins de banlieue, vers trois heures, on fut aux portes de Paris. Des ordres du ministère de la guerre indiquèrent aux hussards leur caserne. Papillon et Eurotas sautèrent de cheval, pour n'y plus remonter. Papillon, qui avait fini par s'attacher au farouche Caligula, l'embrassa plusieurs fois avant d'en prendre congé. Rendez-vous fut donné à Beauguignon pour le lendemain matin, au petit jour, à l'extrémité nord de l'île Saint-Louis, tout près de l'hôtel des Aubières. Nos amis auraient étudié les lieux d'ici-là. Eurotas et Ugolin seraient de l'expédition. Ainsi serait-on cinq déjà, bien résolus, et Beauguignon pourrait-il venir seul, sans risquer de faire punir quelqu'un de ses soldats.

Après de touchants adieux à Polymnie qu'on devait revoir aussi le lendemain, après avoir restitué à l'État bagages et armes, nos amis se séparèrent du régiment qui, un instant après, précédé d'un véritable assourdissement de trompettes à toutes volées, fit son entrée dans Paris, pimpant, sabre au poing, les chevaux hennissant sous l'éperon, entre deux haies de curieux battant des mains, de patriotes criant : « Vive l'armée ! » de gamins se fondant en grappe sonore que la musique semblait traîner après elle, comme une feuille morte aux plis d'une robe à traîne aux miroitements soyeux.

Papillon n'y tint pas et courut, avant tout, embrasser son père. Le vieux, qui n'était plus très sensible, — car l'âge et le polissage quotidien des lunettes ne sont pas pour nous rendre plus faciles à l'attendrissement, — ne trouva que cela à lui dire :

— Tu te rappelles bien notre ami Barigoule ? Eh bien ! c'est une jolie canaille !

— Est-ce qu'il est déjà en prison ? demanda, avec anxiété, Papillon.

— Pas encore, dit le vieux lunetier. Mais on croit que ce sera pour demain. Voyez-vous le voleur qui faisait le fier avec ses vieilles connaissances ! Aux galères, filou !

Et, avec une expression de cruauté indicible dans ses petits yeux gris, le père Papillon se remit à écraser plus furieusement de la poudre fine sur le cristal.

— Adieu, père ! fit Papillon.

Mais le bonhomme ne se dérangea même pas. Il continuait à grommeler en frottant : — Canaille ! voleur ! filou !

Malgré le détour qu'il avait fait, Papillon, qui avait de longues jambes, arriva dans l'île presque en même temps que ses amis. Eurotas, il est vrai, les avait arrêtés en chemin : Eurotas avait failli s'évanouir de joie devant un spectacle vraiment inattendu. En grosses lettres, il avait lu, sur une affiche, au-dessous de la mention : Théatre Feydeau, *Direction du citoyen* Sageret, ces mots cabalistiques, foudroyants comme un délicieux Mane, thecel, phares.

Incessamment, première représentation de
DEÏDAMIA, Reine des Amazones

Personne n'aurait eu l'audace de lui voler une pièce qu'il avait racontée partout, qui avait été représentée avec succès en Hollande ! C'était donc bien la sienne qu'on allait jouer dans quelques jours, qu'on répétait déjà, sans doute. Il voulait se ruer au théâtre; mais il pensa que celui-ci serait fermé à cinq heures ou, du moins, qu'il n'y trouverait personne; quand, éperdu de joie, il annonça cette nouvelle à Papillon, celui-ci, malgré sa douleur, sentit se réveiller le comédien devant une monstrueuse hypothèse :

— Eh bien ! fit-il, la voix tremblante d'indignation, mon rôle de Cynéphore, ce n'est donc pas encore moi qui le joue !

Véhémentement, il rappela à Eurotas ses serments. Celui-ci, qui était, comme tous les poètes, magnanime, le rassura, le calma, lui jura qu'il arrêterait plutôt les répétitions jusqu'au moment où lui, Papillon, aurait repris possession d'une création où nul ne saurait l'égaler. Mais Papillon n'en continuait pas moins à déblatérer contre la perfidie des directeurs. On avait choisi le moment de sa présence sous les drapeaux pour lui faire cette infamie!

— Chut! fit Robert très pâle.

On approchait de l'hôtel des Aubières et, tout autour, des gens qui venaient de passer devant, comme de ceux qui allaient y passer, on entendait les ricanements. Des coups de pied étaient frappés à la porte. De gros mots salissaient l'air. Comme si on eût craint d'avoir à y soutenir un siège, tous les volets étaient hermétiquement fermés. On eût dit une maison vide ou habitée par la Mort. Les beaux arbres qui surplombaient la muraille et la grille avaient été déchiquetés, du dehors, comme par des escalades. Une demeure décriée par un crime n'aurait pas eu un aspect de plus complète désolation.

Et c'était là, dans cet atmosphère de malédictions, éclaboussées dans leur pureté d'hermines par cette honte, que respiraient Angèle et Laure, qu'elles souffraient, qu'elles pleuraient, sans doute! Ces deux lys immaculés tendaient, en vain, à la pitié du ciel leur calice trempé de larmes et leur éternelle horreur de toute souillure! Une impatience douloureuse vint aux poings fermés de Robert et de Papillon et les ouvrit. Ils n'attendraient pas jusqu'au lendemain matin! Ils s'accrocheraient à ces grilles; ils briseraient les volets fermés; ils tomberaient aux pieds de ces persécutées et leur demanderaient pardon de les sauver! Eurotas et Ugolin eurent grand'peine à les retenir, en leur remontrant qu'ils ne pouvaient réussir à une heure où tout le monde était encore aux croisées, sur les portes et dans les rues, et qu'une entreprise manquée ne saurait se reprendre le lendemain.

— Alors! partons! dit Robert. Je me sens mourir ici!

Dans l'ancien hôtel de Papillon ils retrouvèrent un gîte. Mais la nuit leur fut cruelle, cruelle et longue, bien que le petit jour ne se fît guère attendre en cette saison. Papillon s'était assoupi de lassitude après sa grande émotion; Eurotas et Ugolin dormaient à poings fermés, quand Robert dont les paupières, brûlées de visions terribles, ne s'étaient pas fermées un seul instant, vit comme l'écume d'une vague monter, blanche et flottante, de l'horizon, l'air se faisant plus frais de cette première apparition frileuse. Les étoiles semblaient fuir devant cette mer vaguement grossissante. C'était l'aube qui, invisible encore, soulevait ce flot de clarté en peignant l'or de sa chevelure, comme Eurotas n'eût pas manqué de le dire.

Robert réveilla ses amis. On se mit en route dans un Paris fantastique, flottant dans un brouillard, tout rayé de grandes ombres bleues; Beauguignon, dessinant une fière silhouette sur les brumes du fleuve, attendait, accompagné de deux hussards pour lesquels il avait obtenu la permission de la nuit.

XVIII

C'était au matin du 30 floréal, un an, jour pour jour, après le commencement de ce récit. Même décor aussi. On eût dit que la Nature, qui obéit à des rythmes inconnus, se fût souvenue de cette date pour redevenir toute pareille dans les mêmes lieux.

Le petit jour s'était levé, comme l'an passé, éparpillant, d'abord, un duvet de cygne sur la Seine endormie, puis s'épanouissant en roses pâles qu'avaient traversées, bientôt, comme des dards d'abeilles, les premiers rayons du soleil encore sous l'horizon. Mais, sous cette caresse de la lumière blanche, pure, teintée d'or clair, Paris ne s'était pas réveillé.

Tout était recueillement dans le jardin de l'hôtel des Aubières, où ces belles clartés de l'orient en fête arrivaient, tamisées par les profondeurs des frondaisons, peignant, sur le sable des allées et sur les gazons mouillés de rosée, des petites paillettes d'or vibrantes comme des ailes de papillon. Et là, c'était le réveil harmonieux des oiseaux dans les feuillages; l'imperceptible bourdonnement des insectes sous l'herbe diamantée; le frisson des ailes qui se déploient; le bégaiement des chansons qui s'envolent. Et, dans ce murmure délicat que rythmait la brise de la Seine, la vieille maison seigneuriale, aux volets fermés, était silencieuse, entre les hautes murailles que semblaient lézarder les ombres des branches en silhouettes sur un fond illuminé, que coupait de noir la projection oblique de la crête du mur de clôture tout enguirlandé de lierre, avec des pariétaires au sommet.

Que le calme des choses est menteur! Sous quel masque tranquille grimacent nos agonies! Tout à coup s'ouvrit lentement la porte de l'hôtel qui donnait sur le perron conduisant au jardin. Un homme en descendit les marches, qui ne venait pas, assurément, savourer les paisibles douceurs de cette aurore, comme font les poètes et les lézards verts aux fentes mousseuses des vieux murs. Le bouleversement terrible de son visage trahissait l'état tumultueux de son âme. Il portait à la main une corde que ses doigts serraient convulsivement. Qui eût reconnu le sémillant Barigoule dans ce funèbre et funiculaire compagnon?

C'était lui, cependant, Barigoule ruiné, Barigoule décrié, Barigoule insulté et traîné aux gémonies, et n'ayant plus, vraiment, de ressources que la mort! Le procureur Pistache, lui-même, voyant tout perdu, s'était généreusement tourné contre lui et l'avait menacé, la veille au soir même, de le faire arrêter. La menace était sérieuse, le prudent Pistache ayant auparavant détruit, sous prétexte d'aider son futur beau-père à mettre quelque ordre dans ses affaires, tous les papiers qui le pouvaient compromettre personnellement.

Après une nuit terrible, l'ancien tripoteur avait pris le seul parti qui mît, au moins, le respect de la mort entre le déshonneur et sa mémoire.

Lentement il s'avança vers un tilleul dont une branche presque horizontale et solide était à portée de la main, coula la corde au-dessus, avec un frémissement épileptique dans les doigts, en ferma d'un nœud une des extrémités, replia l'autre en lacet, et, devant ce gibet improvisé, commença de réfléchir, un peu tard, aux sottises de la vie qu'il allait quitter. Dans ses yeux gonflés par l'insomnie s'alluma comme le feu désespéré qui court encore sur les cendres chaudes quand s'éteint le dernier tison. Et cette flamme sinistre éclaira, dans sa prunelle, les visions de toutes les joies englouties, de toutes les fortunes dissipées, de toutes les ruines s'accumulant en monceau sur son chemin. Aucun remords, d'ailleurs, derrière ces fantômes, mais l'horrible et égoïste douleur d'être confondu dans le suprême écrasement. Dans la cage dont tous les barreaux lui étaient déjà des déchirures et des morsures, cette âme sordide se débattait sous un élan vers le ciel qui pardonne ou vers le repentir qui absout. Et le spectacle était horrible, vraiment, et repoussant de cette bête forcée par la Destinée et ne trouvant rien d'humain, en elle, pour se réfugier dans l'Idéal.

Ce n'était pas à Angèle, qui l'allait pleurer tout à l'heure, mais à lui que pensait le misérable, indigne d'être pleuré.

Il était presque comiquement farouche, dans le débraillement matinal d'où débordait son embonpoint de viveur, n'étant pas de ceux dont Victor Hugo a dit, parlant d'Agrippine, qu'ils ont le ventre tragique. Les merles, qui ne sont pas tenus de pénétrer le fond de nos pensées et qui sont naturellement moqueurs, faisaient, sans doute, claquer leurs becs jaunes du haut des branches, — ce qui est leur façon de rire, — en voyant gesticuler ce poussah et lever au ciel de petits bras grassouillets comme des boudins.

Enfin, comme la boule que le sort pousse, sous les yeux des joueurs, vers la rouge ou vers la noire, le poussah s'en vint s'arrêter au pied du tilleul d'où il était parti. Une dernière fois, Barigoule prit un nid de geais qui était juste, sans qu'il le vît, au-dessus de sa tête, à témoin de l'excès de son malheur. Puis, en homme qui se hâte, pour être sûr de ne se pas raviser, il se passa le nœud coulant autour du cou ; puis, avec infiniment moins d'entrain, commença de se recroqueviller les jambes sous le séant, de façon à abandonner des pieds la terre, cependant que, par avance, sa face devenait violette comme la soutane d'un évêque, une cerise semblant s'allonger entre ses lèvres d'où le bout de sa langue émergeait déjà.

A ce moment même, une tête apparut au-dessus du mur de droite, dont le jardin était clos, et un cri en sortit. Une autre tête, immédiatement, déborda le mur de gauche. Robert et Papillon faisaient leur rentrée dans l'hôtel des Aubières par le même chemin qu'il y a un an. Entre eux et au-dessus de la grille, dont les verdures faisaient ainsi une véritable muraille, se dessinèrent, du même coup, les visages de Beauguignon, d'Eurotas et d'Ugolin. Une seconde après, dans un écrasement de branchages, avec un craquement de sable sous les pas, cinq hommes avaient sauté dans le jardin et s'étaient précipités vers monsieur Barigoule qui commençait à se dandiner au bout de sa ficelle, comme les lourdes cloches de Pâques quand elles jettent dans l'air leurs sonores volées. La corde brusquement coupée, le pendu s'affala sur ses genoux déjà raidis par ce commencement de trépas qu'on appelle la terreur. Beauguignon, qui était pour les remèdes héroïques, voulait lui administrer le fouet pour ramener la circulation; mais il n'en eut pas plus tôt parlé que Barigoule rouvrit des yeux effarés et fit rentrer prudemment sa langue dans sa bouche, cependant que les pivoines de la vie refleurissaient subitement son visage.

— Mon père!

Angèle, subitement réveillée par le bruit et affolée par le spectacle entrevu entre les volets, accourut en poussant ce cri. Derrière elle, Laure échevelée.

Et toutes les deux entouraient le faux cadavre de leurs bras, pendant que Robert et Papillon, rassurés, les contemplaient avec des extases dans les yeux.

A ce moment, un coup violent fut frappé à la porte du dehors : « Ouvrez, au nom de la Loi! » C'était le procureur Pistache qui venait présider, lui-même, à l'arrestation de Barigoule. Mais il fut reçu par Beauguignon, Eurotas et Ugolin, qui lui firent une peur épouvantable. D'une main vigoureuse, Beauguignon, le tenant à genoux, lui arracha, de l'autre, le mandat d'amener. — Si tu ne jures d'arrêter l'affaire, tu es mort! hurlait le lieutenant. Le procureur Pistache, qui tenait à la vie, jura, et, comme il avait lu, dans les yeux résolus de Beauguignon, que l'arrêt était impitoyable, il prit très au sérieux son serment.

Et, toujours auprès de Laure et d'Angèle empressées autour de Barigoule rasséréné, Robert et Papillon demeuraient en extase. Puis ils s'agenouillèrent et deux mains s'abandonnèrent à leurs lèvres respectueuses, pendant que de douces larmes leur coulaient des yeux.

. . . .

Il y a longtemps que le monde serait fini, si le Hasard, sous lequel se cache le caprice d'un Dieu qu'il est de notre devoir de croire bon, ne s'avisait de réparer quelquefois, même avec usure, tout le mal qu'il a fait. Ainsi les choses, un instant dérangées, reprennent leur place et s'accomplissent, dans leur développement logique, en destinées. Il était écrit qu'après tant d'épreuves Robert des Aubières épouserait mademoiselle Laure de Fréneuse, et cela fut. Cela fut même d'autant plus aisément que le vieux marquis des Aubières, qui était revenu de son intolérante politique, fut un des premiers émigrés à qui Bonaparte, consul, rendit leurs biens et le droit de rentrer en France. Il est vrai que cette dernière faveur lui profita peu, la mort l'ayant surpris en route, de l'autre côté de la frontière. Mais Robert en put hériter régulièrement et reprendre possession de l'hôtel, où se fit le mariage, et où l'humble Barigoule demanda l'unique grâce de demeurer comme intendant, ce qui lui fut accordé.

Il était également de toute nécessité que Remy Papillon devînt le mari de mademoiselle Angèle Barigoule, et cela fut, après, toutefois, que Papillon se fut fait siffler, en conscience, au théâtre Feydeau, d'où il rentra, le soir même de ses noces, criblé de pommes cuites. Mais que lui importait, maintenant ? Il était heureux ! Toujours badaud de sa nature, il devint un des bouquinistes en plein vent les plus renommés du quai. Il variait encore ses plaisirs en allant s'asseoir dans les guinguettes où des saltimbanques montraient des chiens savants.

Par exemple, il paraît que le mariage de Polymnie avec le lieutenant Beauguignon pouvait manquer sans que l'ordre de l'univers en fût troublé. Ce mariage était, cependant, résolu en principe. Mais, trois jours avant sa célébration, on sonna le clairon pour une nouvelle campagne. Beauguignon n'avait qu'une parole, celle qu'il avait dite à Papillon en refusant de se battre avec lui : « Quand la Patrie appelle ses enfants, le soldat n'a qu'un devoir. Il n'a pas le droit de priver la France d'un défenseur ! » Ainsi parla-t-il à Polymnie, en lui exprimant son regret de ne pouvoir donner suite à leur dessein.

Mais il n'était pas non plus dans les décrets impérieux de la Providence que Polymnie demeurât fille, n'ayant, au point de vue de la vocation, que de lointains rapports avec sainte Catherine. Un jour, Eurotas lui demanda sa main : — Vous êtes la seule, lui dit-il aimablement, à qui je n'aie pas fait la cour rue Saint-Honoré. Je vous dois bien une réparation !

Elle sourit et accepta en bonne fille.

Tous ces braves gens-là seraient bien oubliés, maintenant qu'ils sont heureux, si Ugolin n'avait fait leurs portraits qui me sont venus par un lointain héritage de famille et qui m'ont permis de reconstituer cette véridique histoire, dont voici la fin.

ÉPITHALAME

Paroles et Musique d'**EUROTAS**

RIEN N'EST QUE DE FRANCE

Paroles et Musique d'**EUROTAS**

IMPRIMÉ

POUR LA LIBRAIRIE CHARLES DELAGRAVE

par

A. GAUTHERIN ET Cie

✢

Héliogravures par VICTOR MICHEL, imprimées en taille-douce par GENY-GROS

PARIS

www.ingramcontent.com/pod-product-compliance
Lightning Source LLC
Chambersburg PA
CBHW061957180426
43198CB00036B/1304